# 코파일럿이 온다

직장인을 위한 AI 2.0 생존 전략

COPILOT

# 코파일럿이
# 온다

COMING

커넥팅랩(현경민·조웅현·송윤호·최재훈·양정환·장성필) 지음

포르체

# 코파일럿이 만드는 미래

2024년 5월, 한 온라인 게시판에 자녀가 6명인 일본의 워킹맘이 혼자서 닌텐도 스위치의 게임을 개발했다는 소식이 공유되었다. 책상도 의자도 없는 거실 구석에서 작업한 결과물이었다. 더 놀라운 것은 컴퓨터 프로그래밍이나 디자인에 대한 경험과 지식이 없는 상태에서 하루에 2시간씩 약 400시간을 투자하여 게임을 만들어 냈다는 것이다. 환경도 상당히 열악했는데, 2006년 출시되어 2017년에 공식 지원이 끊긴 윈도우 비스타 Window Vista를 OS로 사용하고 램도 4GB밖에 되지 않는 오래된 노트북을 주로 사용했다고 한다. 이보다 좀 더 상태가 나은 노트북이 한 대 더 있었지만 이마저도 개발을 위해 사용되는 고사양의 노트북과는 거리가 멀었다.

이 게임은 전문 개발 언어가 아닌 'RPG Maker MV'라는 제작 도구를 통해 만들어졌다. 비교적 개발이 쉬운 소프트웨어를 사용했다고 하지만 비전문가가 기획부터 시나리오, 디자인, 코딩, QA에 이르기까지 모든 과정을 혼자 수행하기는 쉽지 않다. 심지어 전문적인 조언을 받을 만한 상황도 아니라 검색이나 유튜브 영상으로만 도움을 받았다고 한다. 부족한 시간과 열악한 환경을 오로지 자녀들과 함께 즐길 수 있는 게임 개발을 위한 의지로 극복했다.

주변에서 찾아보기 어려운 극히 드문 이야기다. 하지만 이 사례는 목표를 달성하려는 열정과 기술이 결합되면 누구든지 창의적인 프로젝트를 완성할 수 있다는 강력한 메시지를 전달한다. 최근 제공되는 다양한 AI 도구를 활용한다면 전문가가 아니더라도 자신만의 창작물을 제작하는 것이 가능하다. 이는 생성형 AI가 가져온 큰 변화라 할 수 있다. 기존의 AI가 비서나 어시스턴트 같은 역할에 머물렀다면 생성형 AI는 직접적인 문제 해결을 위한 중요한 도구로 자리매김하고 있는 것이다.

기존의 AI 서비스들은 주로 사용자의 질문에 짧게 답변하거나 간단한 정보를 검색하는 정도로, 정확도가 높지 않아 실질적인 도움을 얻기에는 한계가 있었다. 그래서 대부분의 스마트폰에 탑재된 시리Siri와 빅스비Bixby 같은 AI 비서는 접근성이 좋았음에도 사용하는 사람이 많지 않았다. AI의 편의성이나 유용성을 체감하기 어려웠기 때문이다. 이로 인해 사람들은 AI를 최첨단 산업이나 대기업에서만 활용되는 기술로 여기며 자신과는 무관한 이야기로 생각했다.

그러나 2022년 11월 말, 오픈AI가 출시한 GPT-3.5 기반의 챗GPT는 생성형 AI 시대를 열었다. 실시간 정보를 반영하지 못하고 환각 현상인 할루시네이션 Hallucination 이 발생하는 문제점이 있었지만 약 10년간 서비스를 제공했던 시리와 빅스비, 구글 어시스턴트도 이루지 못했던 AI 비서로서의 지위를 불과 1년 만에 획득한 것이다. 그 후로 점점 성능이 향상되어 단순한 텍스트뿐만 아니라 이미지를 능숙하게 다루며 복잡한 영상 콘텐츠까지 처리할 수 있는 수준에 도달했다. 인류 역사상 가장 빠른 IT 기술의 발전 속도로 누구도 상상하지 못했던 일들이 지속되고 있다.

현 상황의 AI는 비서나 어시스턴트의 기능을 넘어 코파일럿 Copilot 으로 활약하고 있다. 코파일럿의 사전적 의미는 부조종사로, 혼자 항공기를 운행할 수 있는 권한은 없지만 주조종사를 보조하여 중요한 역할을 수행하는 이를 말한다. AI는 사람의 작업을 실시간으로 지원할 뿐만 아니라 주도적으로 임무를 해결하여 다양한 작업을 수행하고 효율성을 높이는 데 기여하는 코파일럿으로서 제 역할을 하고 있다. 예를 들어 프로그래밍에서는 코드 작성, 디버깅, 최적화 등의 작업을 보다 신속하고 정확하게 수행하며 개발자를 돕고, 의료 분야에서는 복잡한 의료 데이터를 분석해 진단을 보조한다. 교육 분야에서는 학생들의 학습 진도를 개별적으로 모니터링하며 개인 맞춤형 학습 프로그램을 제공하여 학생들의 학습 성과를 높이는 것도 가능하다. 이러한 코파일럿의 개념은 '지능적인 협업 파트너'로 정의할 수 있다. 코파일럿은 AI를 단순한 작업 수행자에서 창의적인 문제 해결자로, 결국에는 인간과 협업하는 진정한 파트너로 자리매김하게 될 것이다. 이는 전통적인 AI 비서 기능을 훨씬 뛰어넘어 일반 인공지능을 의미하는 AGI Artificial General Intelligence로 가는 중요한 단계로 볼 수 있다.

코파일럿으로서의 AI를 주목해야 하는 이유로 다양한 기대 효과를 꼽을 수 있다. 먼저 업무 효율과 생산성의 향상이다. 국제노동기구 ILO, 골드만삭스, PwC 등 다양한 기관에서 생성형 AI가 생산성을 향상시킨다는 연구 결과 발표가 이어지고 있다. 실제로 주변에서도 생성형 AI를 통해 업무 효율 향상을 경험한 사람들을 쉽게 찾아볼 수 있다. 특히 마이크로소프트가 오피스 365를 통해 제공하는 동명의 서비스인 마이크로소프트 365 코파일럿 Microsoft 365 Copilot이 확산된다면 보고서 작성, 데이터 분석, 일정 관리 등 다양한 업무의 생산성과 효율 향상을 체감하는 사람들이 더 많아질 것으로 기대된다.

두 번째로 코파일럿은 창의성 증대에 기여한다. 이미 사용자는 달리 DALL · E를 비롯하여 미드저니 Midjourney, 스테이블 디퓨전 Stable Diffusion 등의 생성형 AI를 통해 원하는 수준의 이미지를 창작할 수 있게 되었다. 간단한 아이디어만으로도 고품질의 이미지를 생성할 수 있기 때문에 비전문가들도 손쉽게 창의력을 발휘할 수 있다. 언론 매체에서도 생성형 AI로 제작된 이미지 자료가 기사와 함께 배포되는 경우가 늘었다. 기사와 관련된 사진이 없더라도 유료 이미지를 구매하거나 전문 디자이너의 도움을 기다릴 필요 없이 기자의 창의성에 기반한 적절한 이미지를 만들어 낼 수 있는 것이다. 최근에는 이러한 창의성 발현의 범주가 동영상으로 확장되고 있다. 오픈AI가 출시한 소라 Sora 는 텍스트 입력만으로 짧은 길이의 고품질 영상 생성이 가능하다. 이는 동영상을 자주 활용하는 광고, 마케팅, 교육 등 다양한 분야에서 제작 시간과 비용을 절감하며 창의적인 콘텐츠를 제작할 수 있는 방법을 제공한다. AI 도구를 사용하여 누구나 아이디어만으로도 텍스트를 비롯한 이미지, 동영상 등 다양한 콘텐츠를 제작하여 사용자의 창의성을 증대시킬 수 있는 환경이 구현되고 있는 것이다.

마지막 이유는 복잡한 문제 해결 능력에 있다. 생성형 AI를 활용하면 사람의 의사 결정을 돕고, 시간이 오래 걸리는 연구와 검증 작업을 신속하게 처리하는 것이 가능하다. 과거의 방대한 연구 자료를 찾아 정리하거나 문제 해결에 필요한 데이터를 분석하는 일들을 AI가 효율적으로 수행함으로써, 사람은 더 창의적이고 전략적인 부분에 집중할 수 있게 된다. 이러한 특성은 난이도가 높은 데이터와 문제를 다루는 의료 분야에 큰 도움이 된다. 구글 딥마인드는 단백질 구조 예측을 위한 도구 알파폴드 AlphaFold 를 공개했다. 알파폴드3는 인체 내 단백질 구조 예측을 넘어 단백질과 생체분자와의 상호작용을 예측하여 신약 개발 속도를 비약적으로 가속화할 전망이다. 엔비디아도 신약 개발을 위한 생성형 AI 플랫폼인 바이오네모 BioNeMo 를 통해 전 세계 100개 이상의 제약 및 바이오 기업과 협업 중이고, 오픈AI는 헬스 케어 스타트업인 컬러헬스와 GPT 기반의 의료 AI '코파일럿'을 개발하며 암 환자의 의료 기록을 빠르게 분석하여 맞춤형 진료 계획을 제공한다. 의료 분야 외에도 금융, 제조, 법률 등 다양한 산업 분야에서 복잡한 문제 해결을 위한 중요한 도구로 자리매김하고 있다.

AI의 다양한 기대 효과는 향후 글로벌 생성형 AI 시장을 발전시키며 성장세를 이끌 것으로 기대된다. 시장 조사 기관 IDC는 전 세계 생성형 AI 시장 규모가 2023년 149억 달러에서 2027년 1,511억 달러까지 10배 이상 성장할 것으로 전망했다. 또한 많은 기업들이 생성형 AI를 도입하며 기존의 클라우드 전환이나 디지털 전환을 의미하는 DX Digital Transformation의 개념이 향후 AI 전환인 AX Artificial Intelligence Transformation로 진화할 것이라 예상했다.

AX로의 진화는 AI의 활용성을 향상시킬 다양한 디바이스의 출현과 맞물려 있다. 스마트폰을 비롯한 XR, 웨어러블 디바이스 등은 코파일럿의 기능을 더욱 강화하고, 사용자 경험을 획기적으로 개선할 것이다. 이러한 코파일럿의 확산으로 가장 큰 영향을 받게 될 분야는 커머스와 마케팅 분야가 될 것으로 예상한다. AI 기반의 코파일럿은 고객 행동 분석, 맞춤형 광고 생성, 실시간 고객 지원 등을 통해 업무를 혁신할 수 있다. 이를 통해 기업들은 더욱 정교한 마케팅 전략을 세울 수 있게 되고, 고객 경험을 향상시킬 수 있을 것이다.

커넥팅랩은 2013년 《모바일 트렌드》를 시작으로, 《모바일 미래 보고서 2024》까지 국내 최초이자 최장 기간에 걸쳐 IT 전망서를 집필해 왔다. 이번에는 그 어떤 시기보다 더 빠르게 변화하는 IT 환경을 분석하며 본질적인 내용 전달에 더욱 집중하기 위해 서적명을 변경했다. 《코파일럿이 온다》는 코파일럿의 개념과 중요성을 중심으로 앞서 언급한 생성형 AI, AX, 디바이스, 커머스, 마케팅 분야의 다양한 인사이트를 제공할 예정이다. 코파일럿이 우리 일상과 비즈니스에 가져올 변화를 심도 있게 분석하며 미래의 방향성을 제시하려 한다. 이후 주제별로 서술되는 각 장에서 더 상세한 내용을 확인할 수 있을 것이다.

이 책이 나오기까지 수고한 공동 저자들과 그 가족들, 그리고 포르체의 관계자 분들께도 감사의 인사를 전한다. 아울러 늘 함께 다양한 주제를 연구하는 커넥팅랩 전체 멤버들에게도 고마움을 전한다. 마지막으로 커넥팅랩의 도서를 기다려 주시고, 읽어 주시는 많은 독자들께 감사하다는 말씀을 전한다. 이 책이 미래를 대비하는 데 조금이나마 도움이 되기를 간절히 바란다.

저자들을 대표하여,

**현경민**

# 차례

## Chapter 1          생성형 AI

# Chapter 2                                        AX

# Chapter 3 디바이스

# Chapter 4

# 커머스

# Chapter 5

# 마케팅

Chapter 1

# 생성형 AI

# 01

생성형
AI의
발전

## 인간처럼 소통하는 AI의 등장

영화 〈Her〉의 주인공 테오도르는 AI 사만다와 사랑에 빠진다. 대필 작가였던 테오도르의 글쓰기를 돕고 말동무가 되어 주던 사만다에게 그는 큰 위로를 받는다. 어느새 일상의 동반자로 자리 잡은 사만다는 매 순간을 함께하며 그의 삶을 이해하고 위로한다. 테오도르의 삶 전반에 걸쳐 사만다는 없어서는 안 될 존재가 된다.

상영 당시만 해도 먼 미래의 이야기처럼 느껴졌던 사람과 AI와의 교감은 영화의 배경이 되었던 2025년보다 한 해 이른 2024년에 비로소 현실이 되었다. 2024년 5월 새롭게 공개된 오픈AI의 생성형 AI 모델 GPT-4o GPT-4 omni는 인간처럼 자연스럽게 소통할 수 있는 능력을 선보이며 세간의 이목을 끌었다. 오픈AI의 시연에서 GPT-4o가 사람들과 실시간으로 대화하고 그들의 질문에 즉각적으로 반응하며 대화를 자연스럽게 이어가는 모습이 마치 영화 속 한 장면을 연상케 했다. 카메라와 마이크로 시각과 청각을 얻은 GPT-4o는 사람처럼 자연스럽게 질문에 답하며 대화를 이끌었다.

또한 대화를 중단하거나 주제를 바꾸려는 사람들의 요청에도 능숙하게 대응했다. 시연자의 장난이나 억지 질문에도 너스레로 대응하며 상황에 맞춰 적절히 감정을 담아 답하는 능력을 보여 주었다.

이는 2024년 생성형 AI 분야의 가장 큰 변화로 꼽히는 멀티모달Multi-Modal 기술의 발전 덕분이다. 멀티모달은 텍스트, 이미지, 오디오, 비디오 등 다양한 유형의 데이터들을 종합적으로 활용하는 데이터 처리 양식을 의미한다. GPT-4o는 멀티모달 AI로 거듭나며 현실 세계의 동작, 이미지, 소리 등을 이해할 수 있게 되었다. 단순히 텍스트 기반으로 질문에 답변하는 챗봇을 넘어 시청각 정보를 활용하여 사용자의 현재 상황을 인지하고 그에 알맞은 답을 내놓는 것이다. 멀티모달 기술의 확산은 AI가 세상을 인식하는 방법의 변화를 의미한다. 자연어와 오디오, 이미지, 비디오 등을 포괄적으로 입력받고 이를 통해 정립한 개념을 유의미한 정보로 가공하여 출력한다. 이는 AI가 단순한 설명을 하는 데 그치지 않고 다양한 데이터를 유기적으로 연결하고 관리하여 생성된 결과의 품질을 높이는 데 기여한다.

이렇게 다양한 방법으로 소통할 수 있게 된 생성형 AI는 인간과의 상호작용에서 더욱 자연스러운 모습을 보인다. 사람의 어조를 통해 드러나는 감정을 인식하고 표현할 수 있어 대화의 흐름을 더욱 유연하게 조절하는 것은 물론 말투나 습관을 모방하며 사용자를 학습한다. 이는 AI가 더 나은 사용자 경험을 제공하고 다양한 상황에서 유용하게 활용될 수 있는 가능성을 보여 준다.

최근 멀티모달 기술은 주요 생성형 AI에 빠르게 적용되는 추세다. GPT-4o 발표에 앞서 구글은 클라우드 분야의 연례 컨퍼런스인 클라우드 넥스트 Cloud Next 2024를 통해 제미나이 1.5 프로 Gemini 1.5 Pro를 발표했다. 이 모델도 텍스트, 이미지, 오디오, 비디오, 코드를 복합적으로 이해하고 생성할 수 있다. 뒤이어 메타에서도 카멜레온 Chameleon을 출시하며 멀티모달 AI 경쟁에 뛰어들었다. 애플 역시 자체 개발한 멀티모달 AI 모델 MM1을 공개하고 이를 적용할 수 있는 애플 생태계 로드맵을 제시했다. 다양한 IT 기업들의 경쟁으로 인한 빠른 기술 발전을 통해 멀티모달은 생성형 AI의 표준으로 자리매김할 전망이다.

멀티모달 AI는 텍스트를 비롯하여 이미지, 오디오, 비디오 등 다양한 데이터를 통합하여 다루기 때문에 대량의 데이터를 빠르게 처리하기 위한 인프라 확보가 필수적이다. 그 근간이 되는 AI 데이터 센터의 경우 대규모 데이터 처리를 위한 고성능 서버, 고속 네트워크, 효율적인 냉각 시스템 등을 갖추어야 한다. 멀티모달 AI의 발전과 함께 GPU, TPU, NPU 등 고성능 연산 장치의 도입이 가속화되는 것도 이러한 이유 때문이다. 이들은 복잡한 연산 작업을 빠르게 처리하여 AI 모델의 학습 속도와 성능을 극대화한다. 이와 함께 멀티모달 AI의 보편화로 주요 빅테크 기업들은 AI 연산 장치와 맞춤형 반도체 및 메모리 개발과 생산을 새로운 격전지로 삼는다.

→ GPT-4o의 시연 장면

　멀티모달 AI의 성능은 오픈AI가 GPT-4o를 발표하며 공개한 시연 영상에서 확인할 수 있다. 'Andy와 함께한 GPT-4o' 영상에서 시각장애인 앤디가 영국 버킹엄 궁전의 모습을 실시간으로 설명해 달라는 장면이 등장한다. GPT-4o는 "버킹엄 궁전 위에 로열 스탠

더드 깃발이 있는데, 이는 군주가 궁전에 있다는 신호입니다."라고 설명하며, "왕이 궁에 있다는 게 얼마나 신나는 일인가요?"라고 덧붙인다. 주황색 불을 켜고 오는 택시를 찾아 달라는 요청에 GPT-4o는 "방금 한 대를 발견했습니다. 도로 왼쪽에서 당신 방향으로 오고 있습니다."라고 답하며 앤디의 손짓을 유도하고 택시가 잡히자 "택시를 잘 잡으셨네요. 이제 갈 준비가 되셨습니다."라고 안내한다. 이처럼 멀티모달이 적용된 생성형 AI는 시각 정보로 주변 환경을 이해하고, 실시간으로 문자와 음성으로 변환하여 인간과 상호작용하는 도우미의 역할을 수행할 수 있다.

GPT-4o에서 멀티모달 AI를 기반으로 한 인지 능력 발달과 더불어 또 한 가지 주목할 점은 응답 속도의 향상이다. 음성 모드에서 GPT-4o의 평균 응답 시간은 0.23초로 기존 모델인 GPT-4의 5.4초 대비 20배가량 빨라진 속도다. 이는 사람이 일반적으로 대화하며 반응하는 시간과 유사하며, 실시간으로 응답이 필요한 상황에서 활용할 수 있는 가능성을 보여 준다. 동시에 경제성 측면에서도 크게 향상된 모습을 보였다. GPT-4o는 이전보다 5배 향상된 분당 최대 1,000만 토큰을 처리할 수 있는 능력을 갖춘다. 토큰은 AI가 정보를 분석하기 위해 데이터를 분절하는 최소한의 형태소 단위를 의미한다. 1,000만 토큰은 A4 용지로 환산 시 1만 페이지에 해당하는 분량으로 보통의 소설책 30권을 담을 수 있다. 토큰 처리 능력이 향상되었음에도 외부 서비스 연동을 위한 API 사용 비용이 절반으로 줄어 더 경제적으로 AI 서비스를 이용할 수 있다.

구글도 멀티모달과 효율성 향상을 바탕으로 AI의 발전을 꾀하고 있다. 구글의 주력 모델인 제미나이 1.5 프로는 멀티모달 기능을 갖추고 최대 200만 토큰을 한 번에 처리할 수 있다. 데이터 처리 속도도 이전 모델보다 30% 이상 빨라져 대규모 데이터셋을 실시간으로 분석하는 데 있어 큰 강점을 보였다. 또한 구글은 연례 개발자 회의 구글 I/O 2024에서 AI 기반의 검색 서비스와 클라우드, 구글 오피스를 합친 워크스페이스의 통합으로 기업들이 AI 기술을 쉽게 도입하고 운영할 수 있도록 하는 계획을 발표했다. AI 스타트업의 60% 이상이 구글 오피스와 클라우드를 사용한다는 점에서 제미나이 모델의 구글 생태계 통합은 다양한 분야로의 AI 확산에 큰 영향을 미칠 것으로 예상한다.

구글은 AI 에이전트와 자체 하드웨어 개발에 있어서도 진척을 보였다. AI 비서 프로젝트 아스트라 Astra로 제미나이에 카메라와 마이크를 연결해 주변 환경을 이해하며 이를 기반으로 음성 명령을 수행할 수 있는 신개념 AI 에이전트를 선보였다. 그리고 트릴리언으로 명명한 6세대 자체 개발 TPU Tensor Process Unit를 바탕으로 데이터 분석과 머신러닝 하드웨어 시장에도 적극 참여할 뜻을 내비쳤다. 구글 AI의 마지막 퍼즐 한 조각은 바로 검색 엔진과 AI의 결합이다. 구글은 기존에 강점을 가진 검색 엔진과 LLM 모델을 결합한 RAG Retrieval-Augmented Generation 기술의 중요성을 강조한다. RAG는 검색 증강 생성을 의미하는 용어로 학습했던 데이터 외의 별도로 신뢰할 수 있는 데이터 베이스를 참조하여 좀 더 정확한 답변을 생성하는 기술이다. 구글은 90% 이상의 검색 시장 점유율을 보유하므로 RAG를 바탕으로 한 검색 데이터를 LLM과 결합하여 훨씬 정제되고 개인화된 검색 결과를 제공할 수 있다. 오랜 기간 검색 분야의 선두 주자로서 자리매김해 온 구글이 그동안 쌓아온 양질의 데이터는 미래의 AI 시장에서 경쟁자들에게 앞서 나갈 수 있는 잠재력의 근원이라 할 수 있다.

마이크로소프트도 AI 모델의 확장을 향한 행보를 이어 가는 중이다. 주춧돌을 의미하는 '코너스톤 Cornerstone'이라 자칭할 정도로 견고한 윈도우와 오피스라는 시장을 지닌 만큼 AI를 이용하여 업무를 자동화하고 효율성을 높이는 데 초점을 맞춘다. 마이크로소프트는 연례 개발자 컨퍼런스인 빌드 2024 Build 2024에서 멀티모달 AI 모델인 파이3비전 Phi-3-vision 을 발표하며 각 회사의 환경에 맞춰 AI 비서를 설계하고, 이를 통해 복잡한 업무를 자동화하는 과정을 시연했다. AI 비서 생성 도구인 코파일럿 스튜디오 Copilot Studio를 통해 맞춤형 AI 비서를 제작한 후 팀 코파일럿 Team Copilot 을 이용하여 실제 업무에 적용하는 형태다. 팀 코파일럿은 개인 비서 역할인 마이크로소프트 365 코파일럿을 팀이나 조직 등에서 공동으로 이용하게 하는 기능이다. 이를 통해 AI 비서로 어젠다 관리, 회의록 작성 등 단순 업무뿐만 아니라 팀 전체의 협업과 프로젝트 관리까지 자동화가 가능하다. 또한 마이크로소프트의 클라우드 서비스인 에저Azure, 데이터베이스 관리 도구인 MSSQL, 업무 관리 툴인 지라Jira 등 다양한 플랫폼과의 연동으로 더욱 넓은 영역에서의 자동화를 꾀할 수 있다.

윈도우에 적용된 코파일럿을 통해서도 다양한 사용성 향상 사례가 발표되었다. 윈도우 기본 브라우저인 엣지Edge는 코파일럿을 이용하여 생성형 AI 기반의 실시간 비디오 번역 기능을 지원한다. 이를 통해 브라우저 상에서 재생되는 영상들 속 스페인어, 영어, 독일어, 힌디어, 이탈리아어, 러시아어 등의 언어를 동시통역하는 것이 가능해졌다. 미리 코파일럿을 활용한 테스트 기능 배포에 동의한 사용자들을 대상으로 윈도우11의 고급 붙여 넣기 기능이 공개되었다. 클립보드에 복사된 내용을 붙여 넣을 때 AI를 이용하여 원하는 형태로 가공하여 붙여 넣기가 가능하다. 영어 텍스트를 복사하여 번역된 내용을 붙여 넣거나 요약본과 코드를 생성하여 붙여 넣는 등 사용자가 원하는 형태로 콘텐츠를 변환하여 붙여 넣을 수 있다. 더불어 그림판에서 AI 어시스턴트를 이용하여 밑그림을 이미지로 변환하는 기능도 공개되었다. 사용자가 스케치를 완료한 후 코크리에이터Co-Creator 버튼을 눌러 코파일럿을 호출하면, 그림판에 더해진 이미지 생성 AI 달리를 이용하여 그림을 완성해 준다. 사용자가 원하면 스케치와 유사한 형태의 사진을 추천받을 수도

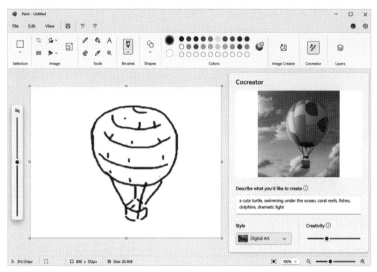

→ 윈도우 11에 추가된 AI 붙여넣기와 AI 그림판

있다. 이렇게 마이크로소프트는 윈도우 본연의 기능에 자연스럽게 코파일럿을 더하여 10억 명 이상의 사용자를 보유한 윈도우 생태계에 AI를 확장해 나간다는 방침이다.

생성형 AI 분야의 후발 주자로 여겨졌던 애플은 2024년 연례 개발자 대회 WWDC 에서 주목할 만한 AI 플랫폼을 발표했다. '퍼스널 AI' 시대를 선언하며 생성형 AI 애플 인텔리전스 Apple Intelligence 와 이를 바탕으로 완전히 달라진 시리를 선보인 것이다. 애플 CEO 팀 쿡은 AI가 사용자 일상과 커뮤니케이션을 이해해야 한다고 강조하며, 시리가 평소 사용자의 습관이나 요구를 파악하여 시의적절한 사진이나 문서를 추천하는 기능을 시연했다.

애플에서 가장 강조한 애플 인텔리전스의 특징은 바로 자사 기기들에 최적화된 온디바이스 AI On-Device AI의 적용이다. 온디바이스 AI는 클라우드에 온라인으로 연결되지 않아도 기기에 자체에서 AI 서비스를 제공하는 기술을 의미한다. 애플은 반드시 필요한 상황을 제외하고 AI를 이용하는 개인의 디지털 정보를 기기 내부에서 처리하여 개인정보 보호를 강화했다. 또한 오픈AI와의 협업을 공식화하며 시리에 GPT-4o가 적용된다는 내용도 발표했다. 하드웨어와 소프트웨어 양 측면에서 최적화된 AI 모델을 사용하여 기기에 탑재된 AI가 사용자의 요구에 대응하고 필요할 때만 GPT-4o와 같은 다른 AI 모델을 호출하여 답을 내놓는 것이다. 타사의 AI 모델 사용이 필요한 경우 애플은 자체 클라우드 서버를 이용하여 모든 정보를 암호화하여 주고받는다. 애플의 페더리기 부사장은 시작은 오픈AI와 함께 했으나 구글, 메타 등 다른 빅테크와도 LLM 사용을 협의 중이라고 밝혔다. 또한 자체적인 온디바이스 AI와 다양한 LLM의 결합으로 더욱 풍부한 사용자 경험을 제공할 수 있음을 강조했다. 이미 20억 대 이상의 엣지 디바이스 Edge Device를 보유한 애플은 독자적인 생태계의 특성을 살려 더욱 안전하고 개인화된 AI 사용 경험을 제공하는 데 집중하겠다는 전략을 표방한 셈이다.

SNS의 큰손 메타는 비교적 조용하지만 차별화된 행보를 이어나가는 중이다. 메타에서는 자체 생성형 AI인 라마 LLaMA를 꾸준히 무료로 공개하며 자사 SNS 플랫폼과의 결합으로 AI의 활용 가능성을 선보인다. 2024년 4월 공개된 라마3도 오픈소스로 공개되었으며 개인 비서 형태인 메타 AI와 결합하여 SNS에 업로드할 콘텐츠를 만들거나 이미 게재된 정보를 바탕으로 원하는 내용을 생성하는 기능을 공개했다. 이어 2024년 7월 선보인 라마 3.1은 상대적으로 적은 파라미터 수를 가졌음에도 코딩을 비롯한 일부 영역에서 GPT-4, GPT-4o보다 나은 퍼포먼스를 보였다. 메타의 CEO, 마크 저커버그는 라마3.1이 GPT-4o 대비 절반 수준의 리소스 사용으로 동일한 성능을 낼 수 있으며 오픈소스 모델임에도 최고 수준의 다른 AI들과 비슷하거나 혹은 더 뛰어난 성능을 보이고 있음을 강조했다.

메타는 지금껏 공개한 AI 모델들을 이용하여 수익을 창출하는 대신, 이를 바탕으로 자사가 보유한 SNS 플랫폼의 콘텐츠를 다양화하고 플랫폼의 경쟁력을 강화하는 전략을 취하고 있다. 메타의 주된 수익원인 광고 부문에서는 광고주들이 AI로 영상을 제작하여 시간과 비용을 절감할 수 있도록 지원한다. 또한 인스타그램, 릴스, 광고 도구, 왓츠앱, 페이스북, 메신저 등 여러 플랫폼에 생성형 AI 기술을 적용하여 SNS의 콘텐츠 생산과 이용자 수를 꾸준히 유지하는 전략을 펼치고 있다. 메타는 2024년 8월에 열린 세계 최대 컴퓨터 그래픽 컨퍼런스, 시그래프 2024 Siggraph 2024에서 AI 캐릭터를 생성하여 크리에이터를 비롯한 기업의 소통을 돕는 AI 스튜디오 출시와 동영상에서 객체를 분리 및 추적하여 효과를 적용할 수 있는 세그먼트 애니씽2 Segment Anything 2를 발표했다. 또한 VR과 메타버스로의 AI 기술 확산을 포함하여 크리에이터들의 창의성과 생산성 향상을 목표로 한 AI 비전을 공개하며 오픈소스인 라마를 통해 그 변화를 주도할 것임을 강조했다.

오픈AI로 촉발된 생성형 AI 경쟁은 이제 주도권을 쥐려는 빅테크 기업들의 파워 게임으로 변해가는 추세다. 빅테크 기업들은 각자의 IT 인프라와 AI를 융합하여 더욱 구체적이고 발전된 생성형 AI 서비스를 선보이기 경쟁한다. 마이크로소프트는 윈도우와 오피스, 구글은 검색, 안드로이드와 클라우드는 서비스, 메타는 SNS 플랫폼들을 바탕으로 AI 확장의 청사진을 그리고 있다.

## 생성형 AI로 바뀌는 창작과 자동화의 영역

2023년이 챗봇과 이미지 창작으로 생성형 AI의 서막을 알린 해였다면 2024년은 영상 생성으로 그 화두가 옮겨 간 해라고 해도 과언이 아니다. 오픈AI의 소라를 비롯하여 구글의 비오 Veo, 메타의 에뮤비디오 Emu Video, 런웨이의 젠-2 Gen-2 등 다양한 영상 생성형 AI가 출시되었다. 특히 소라를 이용한 상업용 광고와 영화가 등장한 가운데 여러 분야로 사용처가 확산되고 있다.

미국의 유명 완구 회사 토이저러스는 오픈AI의 소라를 이용하여 만든 첫 브랜드 광고를 선보였다. 소라를 이용해 만든 최초의 상업용 광고로 콘티에서 최종 프로덕트 제작까지 불과 몇 주 만에 제작이 완료되며 눈길을 끌었다. 광고 에이전시 네이티브 포린은 이미 고인이 된 토이저러스 창립자 찰스 라자루스의 어릴 적 모습을 담아 완성도 높은 영상을 제작하며 대중들로부터 긍정적인 반응을 이끌어 냈다.

현대 그룹 계열의 광고대행사 이노션은 만우절을 맞아 차세대 자율주행차 도그빌리티 Dogbility 캠페인을 선보였다. 도그빌리티는 강아지 발 모양에 최적화된 스티어링과 특별한 HUD 기능 등 강아지들의 이동권을 보장하는 자율주행차다. 이노션은 생성형 AI 전담 조직 'AI솔루션팀'을 신설하고 도그빌리티를 첫 작품으로 내놓았다. 이 광고에 사용된 모든 이미지는 챗GPT, 미드저니 등의 생성형 AI로 만들어졌다. 기획 역량을 가진 사원들이 주축이 되어 직접 생성형 AI를 이용해 이미지 콘텐츠를 만들고, 캠페인 기획 방향성에 맞게 세부 수정 작업을 거치는 형태로 큰 기술 지원 없이 영상을 완성했다. 영상이나 콘텐츠 제작은 인건비 비중이 크기 때문에 생성형 AI 도입으로 비용 효율성을 크게 높일 수 있다. 광고 업계를 포함하여 콘텐츠 제작이 핵심인 업체들이 생성형 AI 도입에 힘쓰는 이유가 바로 여기에 있다.

→ 도그빌리티 캠페인                                                      출처: 이노션

생성형 AI는 이미 많은 상업용 영상 제작에 활용된다. 2024년 5월에 개봉한 영화 〈퓨리오사: 매드맥스 사가〉에서는 주인공 안야 테일러 조이와 닮은 아역을 찾기가 어려워 연령대에 맞는 아역 배우로 촬영을 마친 후 AI를 이용하여 얼굴을 생성하여 입히는 방식을 적용했다. 2024년 4월 공개된 넷플릭스 드라마 〈살인자ㅇ난감〉에서도 아역 강지석 배우의 연기에 주인공 손석구의 어린 시절을 학습한 생성형 AI로 영상을 마스터링하여 필요한 장면들을 완성하였다. 서울우유 광고에서는 배우 박은빈과 함께 연령대별로 세 명의 아역 배우들이 등장하는데 놀랍게도 이들은 모두 박은빈의 얼굴을 학습하여 만들어진 가상의 배우들이다.

이러한 시류에 발맞춰 2024년 부천 국제 영화제에는 AI 경쟁 부문을 신설했다. 해당 부문에는 〈원 모어 펌킨〉, 〈어나더〉 등 생성형 AI만을 이용하여 별도의 제작비 없이 사흘여 만에 제작이 완료된 영화들이 출품되었다. 젊은 감독들은 큰 자본이 없어도 영화 제작에 뛰어들 수 있는 시대가 열렸다며 생성형 AI의 등장을 크게 반겼다. 동시에 과거의 콘텐츠를 학습하여 새로운 영상을 만드는 생성형 AI의 특성을 이해하고, 더욱 창의적이며 정교한 프롬프트의 작성 능력이 중요하다는 점을 강조했다. 누구나 아이디어와 생성형 AI에 대한 기술적 이해만 있다면 순식간에 영화 한 편을 만들어 낼 수 있지만, 한편으로 표절 시비로부터 자유로울 수 없는 시대가 도래한 것이다. 이 시대의 창작자들에게 아이디어를 올바른 프롬프트로 옮겨 표현할 수 있는 역량이 반드시 필요한 능력으로 여겨질 것이다.

생성형 AI의 활용을 극대화하기 위해서는 프롬프팅과 더불어 코드가 어떻게 동작하는지 이해할 필요가 있다. 텍스트, 이미지, 음성, 영상 등 생성형 AI로 제작하는 결과물들이 어떠한 과정을 거쳐 만들어지는지 약간의 이해만 있다면 더 빠르고 정확하게 원하는 결과를 생성할 수 있다. 역으로 결과물을 만들기 위해 필요한 요소들을 미리 도출하고 구조화하면 이후에는 결과를 생성하기 위한 과정을 자동화할 수 있다. 생성형 AI가 가장 두드러진 성과를 보일 수 있는 분야가 바로 자동화다.

세계적인 프로그래머 안드레 카르파티가 "요즘 가장 핫한 개발

언어는 자연어다."라는 발언으로 많은 이들의 이목을 끌었다. 별도의 프로그래밍 언어를 배우지 않아도 우리가 평소에 사용하는 일상 언어로 프로그램을 만들 수 있는 시대가 도래한다는 취지의 발언이다. 학습에 있어 코드를 주된 재료로 삼았던 생성형 AI들은 사용자의 요구에 맞춰 자동화를 위한 코드를 구현해 준다. 한없이 복잡하기만 했던 프로그래밍 언어 대신 무엇을 어떠한 목적으로 행하는지 명확히 설명하기만 하면 된다. 엔비디아의 CEO 젠슨 황 역시 프로그래밍을 배울 필요가 없는 시대가 도래했다고 선언했다. AI의 진화로 누구나 프로그램을 만들 수 있는 시대가 열렸음을 암시하는 발언이다.

가트너의 발표에 따르면 2027년까지 전문 개발자의 70%가 AI 기반의 코딩 툴을 사용할 것으로 전망되었다. 또한 3년 이내에 기업 80%가 소프트웨어 엔지니어링 툴에 AI 증강 테스트 도구를 포함할 것이라는 전망도 제시되었다. 프로그래밍에 있어 2023년 10%에 불과했던 기업 내 AI 활용이 불과 1년 사이에 큰 폭으로 증가하여 70% 이상을 기록하게 되었다.

생성형 AI를 이용한 코딩 자동화 툴로 가장 잘 알려진 것은 깃허브 코파일럿 GitHub Copilot 이다. 오픈AI와 마이크로소프트가 오픈소스 커뮤니티 깃허브와 함께 개발한 생성형 AI 모델로 깃허브에 공개된 코드들을 학습하여 사용자의 프로그래밍을 돕는다. 2021년 6월 출시된 깃허브 코파일럿과 2023년 3월 GPT-4를 적용하며 업데이트된 코파일럿 X는 델, 골드만삭스를 포함한 5만 곳 이상의 기업 사용자들이 활용 중이다. 일반 사용자를 포함하면 유료 구독자 수는 130만 명 이상으로 이미 많은 사람이 생성형 AI의 도움을 받아 코드를 작성하고 있다.

이러한 관점에서 생성형 AI는 시민 개발자의 재림을 예고하고 있다. 시민 개발자는 개발자가 아닌 다른 분야의 전문성을 지닌 사람이 코딩 대신 도구를 이용하여 애플리케이션을 개발하고 이를 통해 본인이 속한 조직이나 사회에 이바지하는 사람을 의미한다. 이제 코딩은 전문가의 영역이 아니라 누구나 접근할 수 있는 시대로 나아가는 중이다. 아이디어만 있으면 생성형 AI를 이용하여 프로그램을 만들고 자동화하는 일이 가능해졌다. 창의적이고 혁신적인 아이디어를 누구나 손쉽게 큰 비용을 들이지 않고 구현할 수 있는 시대가 열린 것이다.

# 02

생성형
AI의
확장

## 생성형 AI 확산의 이유와 전망

2024년 들어 생성형 AI 사용자는 급격히 증가하는 추세다. 챗GPT로 생성형 AI의 확산을 주도하는 오픈AI는 2023년 말 누적 사용자 수 2억 명을 돌파했고, 2024년 5월에는 월간 활성 사용자 수MAU 1억 8,050만 명을 기록하며 가파른 성장세를 이어 갔다. 유료 사용자 수도 크게 증가했는데, 2024년 1월 약 50만 명이었던 챗GPT Plus 유료 구독자 수는 4월에 150만 명으로 그 수가 3배 이상 증가했다. 더불어 모바일 분석 업체 앱피규어스에 따르면 GPT-4o 공개 후 첫 일주일간 챗GPT는 애플 앱 스토어와 구글 플레이에서 총 420만 달러의 매출을 기록했다.

오픈AI는 다양한 경로를 통해 수익을 창출한다. 외부 환경에서 AI 사용이 가능하도록 하는 API 판매, 유료 모델 사용자들을 대상으로 한 구독 서비스, 다른 언어 모델의 학습에 이용되는 AI 훈련용 데이터셋 판매 등이 포함된다. 미국의 IT 전문 매체 〈디 인포메이션〉에 따르면 2023년 약 2억 달러였던 오픈AI의 매출이 2024년에는 34억 달러에 달할 것으로 예측되었다. 이러한 성장은 모델의 성능을 한발 앞서 개선하고, 생성형 AI를 활용하여 생산성을 높이는 방법을 사용자들에게 꾸준히 제시해 온 것에서 비롯한다. 오픈AI는 다양한 플러그인의 보급, GPT 스토어를 통한 손쉬운 외부 애플리케이션과의 연동, 언어 모델의 경량화와 성능 개선으로 실사용이 가능한 멀티모달 모델을 제시한다. 이는 단순히 선점 효과를 넘어 여전히 생성형 AI의 발전을 주도하고 다른 서비스들과의 격차를 벌리고 있다.

챗GPT 사용자 증가에는 GPTs도 큰 역할을 했다. GPTs는 사용자가 직접 제작한 맞춤형 AI로 GPT 스토어를 통해 배포할 수 있다. 사용자는 자신의 지식을 기반으로 GPT에 역할을 부여하고 답변의 예시를 제공하여 맞춤형 AI 챗봇을 만드는 것이 가능하다. 기존의 챗GPT가 기성복이었다면 GPTs는 맞춤 정장에 견줄 만하다. 2024년 초에 출시된 GPT 스토어는 사용자들이 손쉽게 자신만의 GPTs를 만들고 공유할 수 있게 하여 사용자의 참여와 커뮤니티 활동을 크게 늘렸다. 또한 맞춤형 AI 모델 제작과 새로운 수익 창출 기회를 제공하여 많은 개발자들이 GPT 생태계에 참여하도록 유도했다.

가장 많은 사용자를 보유한 유튜브 요약 GPTs는 기존에 이미 존재하는 서비스를 API로 챗GPT와 연동하여 사용자 친화적인 서비스로 탈바꿈시켰다. 사용자가 요약을 원하는 유튜브 비디오 클립의 링크와 궁금한 점을 질문하면 외부 서비스를 통해 영상 내용을 요약하여 전달한다. 더불어 생성형 AI를 이용하여 사용자의 질문의 답변을 더욱 풍부하고 창의적으로 제공한다. 제안서 작성, 보고서 요약, 데이터 분석 등 다양한 GPTs들이 위와 동일한 형태로 생성형 AI와 결합하여 더욱 사용자 친화적인 서비스로 거듭났다.

GPTs를 콘텐츠와 결합하여 AI 챗봇 형태로 이용하는 사례도 등장하고 있다. 대표적으로 유명 인플루언서 신사임당의 콘텐츠가 GPTs를 통해 챗봇으로 생성되어 많은 이들의 관심을 끌었다. 1인 기업의 마케팅을 위한 GPTs가 등장하기도 했다. 한 스마트 스토어 운영자는 GPTs를 이용해 제품 디자인, 샘플 제작, 마케팅 콘텐츠 생성, 고객 관리에 활용하여 6명의 직원이 하던 일을 혼자서 처리할 수 있게 되었다. GPTs를 활용해 시안 디자인을 빠르게 생성하고 제품화하는 과정에 드는 시간과 비용을 크게 줄였다고 한다. 마케팅 및 광고에서도 AI를 활용해 광고 소재 생성, SNS 관리, 맞춤형 콘텐츠 제작으로 효과적인 온라인 마케팅을 진행할 수 있었다.

GPTs는 프로그래밍 지식이 없는 사람들도 자신만의 AI 챗봇을 쉽게 만들 수 있다는 점에서 큰 의미를 갖는다. 문서 형태의 지식을 학습시키고 챗봇의 역할과 답변의 예시를 정의하기만 하면 챗GPT의 언어 생성 능력을 활용하여 훌륭한 AI 도우미를 만들 수 있다. 이렇게 쉬운 생성형 AI의 커스터마이징 방안을 제시함으로써 오픈AI는 개발자와 사업가 모두를 오픈AI 생태계로 끌어들인다. 이는 오픈AI의 지속적인 성장과 발전을 기대하게 만드는 주요한 요인 중 하나다.

이러한 추세를 반영하듯 생성형 AI 시장 전반의 성장세는 매우 견조하다. 글로벌 통계 포털로 알려진 스태티스타의 자료에 따르면 2024년 글로벌 생성형 AI 시장 규모는 2023년 대비 약 51% 성장하여 67억 달러에 이를 것으로 전망된다. 글로벌 시장 조사 기관 포춘 비즈니스 인사이트는 생성형 AI 시장이 2024년부터 2032년까지 연평균 39.6%씩 성장하여 2032년에는 약 967억 달러에 이를 것으로 예상했다. 시간이 지날수록 제조, 헬스 케어, IT, 통신, 마케팅 및 광고 등 주요 산업 전반에 생성형 AI가 광범위하게 활용됨에 따라 이 수치는 얼마든지 상향될 수 있다.

시장 성장에 발맞추어 스타트업들에 대한 투자도 급격히 증가했다. 2024년 4월 〈포브스〉에서 50개의 주요 AI 기업들을 선정하여 발표하였다. 목록에 이름을 올린 기업들은 지난 1년간 374억 달러에 달하는 자금을 유치했다. 오픈AI는 2024년 초에 30억 달러를 추가로 유치하며 기업 가치 평가액이 90억 달러로 상향되었다. 세콰이아 캐피탈과 안데르센 호로위츠와 같은 거대 투자자들의 참여로 기업 발전을 향한 기대치가 큰 폭으로 상승한 것이다. 클로드 AI로 잘 알려진 앤트로픽은 2023년 총 22억 달러의 자금을 조달했다. 아마존으로부터 12.5억 달러, 구글로부터 5억 달러, 그리고 시리즈 C를 통하여 4.5억 달러를 조달한 앤트로픽은 아마존과 구글로부터 약 42억 달러의 추가 투자를 놓고 조율 중이다. 앤트로픽은 삼성, SK 등 국내 기업으로부터도 투자를 받으며 오픈AI의 대안으로 주목받고 있다. 이 밖에도 언어 모델의 알고리즘 생성, 반도체 설계 등 AI와 연관된 업체들에게도 투자가 이어지고 있다.

생성형 AI에 대한 국가별 투자 경쟁도 글로벌 AI 시장의 성장을 견인하는 또 다른 요인이다. 미국과 중국을 비롯한 주요 국가들은 생성형 AI 기술 선점을 위하여 막대한 자금을 투입하는 중이다. 스탠퍼드대학교 HAI 센터에서 발표한 자료에 따르면 2023년 미국은 AI 시장 전반에 672억 달러에 달하는 자금을 투자했다. 이 중 252억 달러가 생성형 부문에 집중되었으며 이는 2022년 대비 약 9배 증가한 수치다. 중국은 AI 부문에 투자액 77억 달러를 투자하여 미국의 뒤를 이었다. 유럽연합과 영국도 합산 90억 유로를 투자했다. 이러한 투자 증가세는 AI 기술 개발과 상용화를 더욱 가속화하는 역할을 한다.

한편 미국은 정책적으로 AI 대상의 투자와 규제안을 선제적으로 마련하고, 관련 스타트업에 대한 투자와 연구 개발 지원으로 글로벌 AI 시장에서의 우위를 점하고 있다. 중국도 국가 주도의 AI 발전 계획을 발표하며 바이두, 텐센트, 알리바바 등 거대 IT 기업들에 대한 R&D 연구 개발 지원과 AI 인프라 확산 및 상용화 방안을 내놓고 AI 패권을 놓치지 않기 위해 최선을 다하는 상황이다.

# 하드웨어 혁신과 AI 생태계의 확장

2020년 이후 전 세계에서 가장 빠르게 성장한 기업은 GPU로 잘 알려진 엔비디아다. 엔비디아는 2024년 6월에 마이크로소프트, 애플 등 주요 빅테크 기업들을 제치고 시가 총액 1위 기업으로 등극했다. 엔비디아의 GPU 수요 증가에는 게임 시장의 성장 외에도 비트코인 등 디지털 자산의 확산, 데이터 센터 및 클라우드 컴퓨팅의 확장 등 다양한 요인이 존재한다.

엔비디아 성장에 가장 영향을 크게 준 요인은 2006년에 발표한 쿠다 CUDA, Compute Unified Device Architecture 라 할 수 있다. 쿠다란 GPU의 병렬 연산 능력을 그래픽 작업 외에도 활용할 수 있게 해 주는 소프트웨어 플랫폼으로, AI 개발자들이 필수로 사용하는 도구라 할 수 있다. 20여 년간 누적된 개발 코드만으로 공고한 생태계를 구축했다고 평가받는 쿠다는 머신러닝과 딥러닝을 비롯한 AI 발전에 큰 영향을 미쳤다. 엔비디아는 AI 개발을 위한 생태계를 미리 구축해 둔 덕분에 생성형 AI로 인한 하드웨어 수요의 폭발적 증가를 그대로 흡수하며 시가 총액 1위 기업으로 올라설 수 있었다.

엔비디아의 2024년 1분기 실적은 전년 동기 대비 매출이 262% 증가한 260억 4,000만 달러를 기록했으며 순이익은 148억 8,000만 달러에 달했다. 이는 데이터 센터 부문에서 AI 칩셋 포함 매출이 427% 증가한 226억 달러를 기록한 데 기인한다. 엔비디아는

AI 반도체 시장의 80% 이상을 차지하며 시장을 주도하고 있다. AI 맞춤형 GPU를 발표하고 마이크로소프트, 오픈AI, 구글 등 빅테크 기업들과 AI 데이터센터 건립에 관한 협업을 통해 인프라 확산의 트렌드를 주도하는 만큼 한동안 엔비디아의 성장세는 견조할 것으로 예상된다. 이는 비단 엔비디아의 사례만이 아니다. 생성형 AI의 확산과 함께 AI를 이용한 산업 전반의 기술 전환이 가시화됨에 따라 관련 인프라 시장도 함께 성장 중이다. 엔비디아 외에도 퀄컴, AMD, 인텔 등 설계 능력을 지닌 주요 반도체 기업들이 AI 처리 능력을 갖춘 연산 장치를 앞다퉈 내놓으며 삼성전자, 하이닉스, 마이크론 등 주요 파운드리 기업들도 시장의 변화에 대응하는 중이다.

이러한 변화는 AI 반도체 시장의 가파른 매출 증가로 드러난다. 가트너에 따르면 2024년 AI 반도체 시장은 전년 대비 30% 이상 증가하여 428억 달러 규모에 이를 것으로 예상된다. 전체 반도체 시장에서 AI 반도체가 차지하는 비중은 해마다 증가하여 2027년에는 31%, 금액으로는 1,194억 달러까지 증가할 것으로 전망되었다. 이는 단순히 GPU나 메모리의 수요 증가를 넘어 고성능, 고효율 AI 반도체의 본격적인 도입이 이루어질 것을 의미한다.

이미 사용자들 입장에서 기술의 전환을 목격할 수 있는 지점이 있다. 바로 AI 연산 장치를 탑재한 다양한 엣지 디바이스의 출시다. AI의 보편화에 대응하고자 많은 빅테크 기업들은 TPU Tensor Process Unit, NPU Neural Processing Unit 등 다양한 이름을 지닌 AI 연산 특화 프로세서들을 기기에 탑재하여 출시했다. 동시통역으로 이목을 끌었던 삼성의 갤럭시 S23 시리즈는 자체 생산한 엑시노스 2300에 NPU를 더해 출시되었다. 구글에서 출시한 픽셀 7에도 NPU가 할당된 텐서2 칩셋이 사용되었으며 애플도 A17 바이오닉 프로세서로 아이폰 15 시리즈 등에 NPU를 탑재했다. 이렇게 AI 연산 장치를 장착한 기기들은 이미 사진 촬영, 번역, 음성 명령 및 인식 등에 AI를 사용하며 이후 sLM을 이용한 온디바이스 AI를 활용하는 데 더욱 큰 강점을 보일 것이다.

이와 함께 AI PC 시장도 빠르게 성장하는 추세다. AI PC는 별도의 AI 연산 장치를 탑재하여 생성형 AI를 이용한 작업이나 머신러닝, 딥러닝 등에 활용 가능한 PC를 의미한다. 해당 PC들은 내장된 AI 연산 장치를 이용하여 오프라인 환경에서도 생성형 AI를 사용할 수 있다. 마이크로소프트에서 출시한 코파일럿 플러스 서피스 랩탑은 기존의 인텔 프로세서 대신 퀄컴의 스냅드래곤 X 칩셋을 탑재했다. 헥사곤 NPU가 할당된 X 칩셋은 45 TOPS Tera Operations Per Second 의 AI 연산이 가능하다. TOPS 값은 AI 칩 또는 시스템이 1초 동안 수행할 수 있는 AI 연산의 지표를 나타내며 높은 TOPS 값은 이미지 및 영상 인식, 자연어 처리, 머신러닝 등 다양한 AI 작업에서 더 빠른 처리 속도를 의미한다. 삼성에서도 동일한 컨셉의 신규 갤럭시북 시리즈를 출시했으며 HP, ASUS, Dell 등 주요 PC 제조사들도 AI 연산을 지원하는 기기들을 선보였다. 기기 자체에서 AI 연산을 지원하며 완전한 온디바이스 AI 운용이 가능하도록 설계된 AI PC들이 점차 보편화되는 것이다.

AI 생태계가 확산될수록 하드웨어 측면에서 반드시 고려해야 하는 이슈가 있다. 하나의 칩에 PC나 다른 전자기기의 주요 구성 요소들을 통합한 것을 의미하는 SoC System on a Chip다. SoC에는 프로세서, 메모리, GPU, 통신 모듈 등이 포함될 수 있다. AI가 보편화되면서 SoC를 통해 AI 기능을 효율적으로 실행할 수 있는 원칩으로 최적화된 PC로의 진화는 필수적이다. CPU, GPU, 메모리, 저장 장치, 통신 모듈 등 PC를 이루는 부품들을 하나의 기판에 통합하면 전력 소비는 줄고, 데이터 전송 속도는 빨라진다. 이는 AI를 더욱 효율적으로 활용하기 위하여 필요한 전성비(전력 대비 성능 비율)와 데이터 전송 속도를 하드웨어 측면에서 개선할 수 있는 방법이다.

최근 진화하는 하드웨어 병합의 사례를 살펴보면 이러한 경향이 더욱 확연히 드러난다. 엔비디아는 대만에서 진행된 IT 박람회 컴퓨텍스 Computex 2024에서 RTX AI PC를 발표했다. RTX AI PC는 AI를 기반으로 그래픽 처리, 창작 활동, 프로그래밍 등에서 뛰어난 성능을 제공하여 주목받았다. 특히 엔비디아의 고성능 GPU인 RTX 시리즈를 기반으로 CPU를 비롯한 다양한 하드웨어를 그래픽 카드에 결합하여 AI를 이용한 작업에서 높은 전성비와 최적화된 퍼포먼스를 보여 주었다. 엔비디아는 AI 기능 활용을 위한 RTX AI 툴킷과 프로젝트 G 어시스트 Project G Assist도 함께 선보였다. RTX AI 툴킷은 개발자들이 대규모 생성형 AI 모델을 최적화하고 배포하는 도구이며 프로젝트 G 어시스트는 온디바이스로 작동하는 AI 어시스턴트다. 엔비디아는 이러한 소프트웨어 도구를 제공하여 개발자가 동일한 생태계 내에서 AI 모델을 쉽게 최적화하고 배포할 수 있도록 지원할 계획이다.

AI를 위한 하드웨어 결합에 있어서 또 한 가지 주목할 점은 HBMHigh Bandwidth Memory의 대중화다. HBM은 고성능 컴퓨팅과 그래픽 처리를 위한 최신 메모리 기술로 특히 대용량 데이터를 빠르게 처리해야 하는 그래픽 카드, 서버, 고성능 컴퓨팅 시스템에서 사용된다. HBM은 기존의 DDR 메모리와 달리 칩들을 수직으로 쌓아 올린 직렬 구조로 메모리 칩 간의 거리가 매우 짧아 데이터 전송 속도가 빠르고 전력 소비도 적다. 그리고 HBM은 극도로 넓은 인터페이스를 사용하여 메모리 대역폭을 크게 증가시킨다. 높은 대역폭을 지닌 메모리는 특히 고해상도 비디오 처리나 대규모 데이터베이스 작업의 성능을 크게 향상시키며 AI를 위한 병렬 연산에 있어서도 큰 강점을 보인다. 또한 수직 적층 구조로 공간을 적게 차지하여 모바일 기기나 크기가 작은 디바이스에 사용하기에도 유리하다.

HBM은 AI 확산에 따라 수요가 폭발적으로 증가하는 추세다. 이미 고성능 GPU에 널리 사용되는 중이며 2023년 11월에 발표된 엔비디아의 AI용 GPU H200에는 HBM3e 메모리가 탑재되어 이

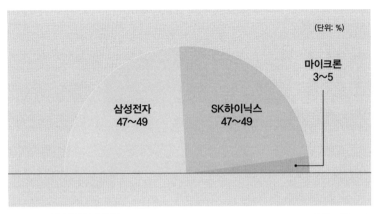

(단위: %)

마이크론
3~5

삼성전자
47~49

SK하이닉스
47~49

↪ HBM 시장 점유율 전망치 　　　　　　　　　　 출처: 트렌드포스

전 세대보다 추론 성능이 1.9배 향상되었다. 엔비디아는 HBM4를 탑재할 차세대 GPU 플랫폼 루빈 Rubin 을 공개하며 앞으로의 AI 반도체 개발 로드맵도 제시했다.

HBM은 매우 복잡한 제조 과정을 요구하며 고급 패키징 기술이 필요로 한다. 대표적인 메모리 제조 업체인 삼성, SK하이닉스, 마이크론 등 주요 공급 업체들의 생산 능력과 기술 수준이 HBM의 공급에 큰 영향을 미칠 수밖에 없다. AI의 확산과 진화를 위한 데이터 센터 건립, 클라우드 컴퓨팅의 확장, 고성능 GPU 개발 등 HBM의 수요 증가를 이끄는 요인들은 매우 견고한 상황이다. 늘어나는 수요만큼이나 맞춤형 HBM 생산 능력도 중요하기 때문에 삼성전자와 하이닉스가 양분 중인 시장은 고객사의 특별한 요구 사항에 대응할 수 있는 역량에 따라 얼마든지 변화가 일어날 수 있다.

# 03

생성형 AI
기술의 진화와
지속 가능성

# 로컬 LLM의 발전 방향 및 전망

혁신적인 IT 기술이 등장할 때마다 가장 먼저 논의되는 이슈가 있다. 바로 '데이터'와 '보안'이다. 생성형 AI가 빠르게 발전하며 다양한 분야에서 활용 가능성을 모색함에 따라 이러한 논의가 다시 화두에 올랐다. 대중에게 가장 익숙한 챗GPT는 퍼블릭Public LLM으로 클라우드 환경에서 입력된 프롬프트에 대응하여 답변을 제공한다. 그러나 기업들은 정확한 답변을 얻기 위해 입력하는 프롬프트나 첨부 자료 등으로 내부 데이터가 유출될 수 있다는 우려를 가진다. 보안 문제로 생성형 AI 서비스 사용과 도입을 주저하는 것이다.

한편 방대한 온라인 데이터로 학습을 했다는 점에서 퍼블릭 LLM은 또 다른 문제를 야기할 수 있다. 퍼블릭 LLM은 보편적인 사용자들의 요구에 대응하기 위해 다양한 출처에서 수집한 정제되지 않은 데이터들을 학습한다. 만약 퍼블릭 AI를 이용하는 기업들이 잘못된 정보를 바탕으로 생성된 답변을 이용하여 의사 결정을 내린다면 심각한 문제가 초래될 수도 있다. 구글도 생성형 AI로 공개한 바드 Bard가 시연 중 잘못된 답변을 한 것으로 알려지며 주가가 급락했던 적이 있었다.

환각 현상을 의미하는 할루시네이션의 문제도 존재한다. 생성형 AI의 언어 모델이 전이 학습 Transfer Learning을 통해 답변을 생성하기에 발생하는 문제이다. LLM은 때때로 하나의 분야에서 학습한 지식을 다른 문제나 도메인에 적용하여 답변을 생성하기에 사실에 부합하지 않거나 존재하지 않는 정보를 마치 사실인 것처럼 제공한다. 이 점 역시 기업들이 생성형 AI 도입을 놓고 망설이게 만드는 요인이다.

이러한 이유들로 대다수 기업들은 로컬 LLM의 도입을 적극 검토 중이다. 직원들이 챗GPT 등의 퍼블릭 LLM에 접근하는 것을 제한하는 대신 로컬 LLM을 이용하여 사내 네트워크에서만 이용 가능한 AI 모델을 구축하는 것이다. 이때 기업이 보유한 고유의 데이터를 바탕으로 로컬 LLM을 학습시키고, 미세 조정을 의미하는 파인 튜닝 Fine Tuning으로 질문과 상황에 따른 답변을 구체화하는 것도 가능하다. 결과적으로 주요 비즈니스와 고객 경험 향상에 적합한 생성형 AI를 도입할 수 있다.

하지만 각 기업 환경에 최적화된 로컬 LLM 구축에는 막대한 비용이 들어간다. 로컬 LLM을 효과적으로 운영하려면 상당한 컴퓨팅 자원과 저장 공간이 필요하며 이는 높은 초기 투자와 지속적인 유지 보수 비용을 요구한다. 로컬 LLM의 개발과 유지 관리를 위해서는 AI, 머신 러닝, 데이터 과학 분야에서 전문적인 지식과 경험도 필요하다. 이러한 분야의 전문 인력을 확보하고 유지하는 것도 기업 차원의 부담으로 작용한다. 또한 로컬 LLM은 민감한 데이터를 다루기 때문에 데이터 보안과 개인정보 보호에 대한 엄격한 기준 설정도 필수적이다.

각종 라이선스 확보와 인증 획득을 비롯하여 복잡한 법적과 규제 요건을 충족시키는 일도 진입 장벽 중 하나다. 이외에도 확장성과 유연성 확보, 모델 업데이트와 유지 관리 방안 등 자체적으로 언어 모델을 구축하고 운영하기 위해 다양한 요소들을 검토하고 준비해야 한다. 이러한 요소들에 충분히 대응 가능한 기업이라면 로컬 시스템에 LLM을 수월히 적용할 수 있다. 생성형 AI로 해결하고자 하는 목표를 명확히 하고, 업무에 적합한 LLM을 찾아 도입하면 된다. 이후 보유한 데이터를 학습시키고 최적화하여 독립된 AI 환경을 구축할 수 있다.

이와 함께 기업들은 소형 언어 모델을 의미하는 sLM small Language Model 의 도입을 검토할 수도 있다. sLM은 성능 지표라 할 수 있는 파라미터 Parameter 가 상대적으로 작은 모델로 대규모 언어 모델에 비해 도입 비용이 적게 들고 특정 분야에 쉽게 최적화할 수 있다는 장점이 있다. 특히 스마트폰이나 노트북 같은 개인 기기에서 인터넷 연결 없이 AI를 구동할 수 있는 온디바이스 AI 수요가 증가하면서 빅테크와 스타트업 모두 이 시장에서 경쟁하는 중이다.

온디바이스 AI 구현을 위해 다양한 시도를 하는 구글은 2024년 3월, 제미나이를 경량화한 모델 젬마 Gemma 를 출시했다. 젬마는 파라미터 수가 20억 개와 70억 개인 두 가지 모델로 구분되는데 노트북이나 데스크톱에서도 실행할 수 있는 정도의 성능을 갖췄다. 마이크로소프트도 2024년 4월에 파라미터 수가 38억 개인 sLM 파이 3 미니 Phi-3-mini 를 출시했다. 파이 3 미니는 운영 비용이 저렴하고 사업 영역에 맞춰 쉽게 파인 튜닝이 가능하다는 장점이 있다. 많은 개발자들이 오픈소스로 제공되는 젬마와 파이 언어모델을 이용하여 코딩 도구, 실시간 번역기, 텍스트 분석기 등의 서비스를 만들어 커뮤니티에 공유하고 있다. 구글과 마이크로소프트에서는 2024년 8월 젬마 2와 파이 3.5를 내놓으며 보다 개인화된 환경에서 다양한 영역에 생성형 AI를 활용할 수 있는 가능성을 제시하였다.

메타도 2024년 4월에 라마3를 공개하며 80억 개의 파라미터를 지닌 경량화 버전을 함께 발표했다. 이 경량화 모델은 성능 면에서 구글 제미나이 프로 1.0을 능가한다는 평가를 받았다. 이에 대응하여 오픈AI에서도 2024년 7월 GPT-4o의 경량화 모델인 GPT-4o 미니를 선보였다. GPT-4o 미니는 약 80억 개의 파라미터를 가진 소형 언어 모델로 출력 토큰 기준 100만 개당 약 0.6 달러의 비용으로 이용이 가능하다. 이는 기존 모델들 중 가장 저렴한 가격으로 공급하던 GPT-3.5 터보 대비 60% 이상 저렴한 가격이다. 또한 오픈AI는 한시적으로 GPT-4o 미니에 대해서 24시간당 200만 개의 학습용 토큰을 무료로 제공할 계획을 밝혔다. 기존의 클라우드 기반의 환경에서 저렴한 비용과 파인튜닝 지원을 통해 기업들이 각자의 사업에 특화된 AI 모델을 만들고 운용할 수 있는 환경 구축을 목표로 하는 것이다.

이외에도 유럽에서 주목받는 미스트랄 AI Mistral AI는 다중 언어 지원이 가능하고 코딩에 특화된 73억 개의 파라미터를 가진 소형 AI 모델을 2023년 9월 내놓았으며, 우리나라의 업스테이지는 2024년 3월에 솔라 미니 Solar Mini를 출시했다. 업스테이지의 솔라는 다른 LLM보다 매개 변수가 적은 107억 개의 모델로 글로벌 AI 플랫폼 허깅 페이스 Hugging Face 리더보드의 벤치마크 테스트에서 1위를 차지한 적이 있다. 솔라 미니는 솔라의 경량화 버전인 sLM으로 AWS 마켓 플레이스를 통해 글로벌로 서비스가 제공되는 중이다.

지금까지 설명한 sLM은 모두 사전 학습과 파인 튜닝을 통한 맞춤형 로컬 LLM 제작을 지원한다. 다양한 sLM의 등장은 기업들이 로컬 LLM을 도입하는데 중요한 촉매제가 될 것이다. 기업들은 LLM 대비 적은 비용과 빠른 속도의 이점을 취하면서도 상대적으로 적은 데이터 학습만으로 필요한 영역에 생성형 AI를 구축할 수 있다. 이를 통해 빠르게 진화하는 AI의 트렌드에 발맞춰 기업의 전략을 수정하며 AX Artificial Intelligence Transformation의 성공적인 수행으로 비교 우위를 점할 수 있을 것이다.

# 생성형 AI의 지속 가능한 발전에 대한 논의들

생성형 AI는 등장한 지 얼마 되지 않아 짧은 시간 내에 다양한 분야에 적용되며 우리의 생활을 크게 변화시키는 추세다. 이러한 변화는 주로 자연어 처리 기술과 LLM의 발전에 밀접한 관련이 있다. 앞서 설명한 것처럼 인간의 언어를 컴퓨터가 이해하고 해석할 수 있게 함으로써 복잡한 프로그래밍 언어를 모르는 사람들도 평소에 사용하는 언어로 컴퓨터와 소통할 수 있게 되었다.

특히 챗봇이나 AI 비서와 같은 대화형 인터페이스로 사용자의 질문을 분석하여 관련성 높은 대답을 제공함으로써 정보 탐색 과정을 간소화하며 개인화된 경험을 제공한다. 이는 사람의 개입이 필수적이라 여기는 광고, 의료, 교육 등 다양한 전문 분야에서도 활용된다. 이러한 변화는 사용자 경험을 혁신적으로 개선하고, AI의 잠재력을 최대한 활용하여 우리의 생활을 한층 편리하고 효율적으로 만들어 준다.

이러한 사용자 인터페이스와 경험의 혁신은 곧 일반 인공지능을 의미하는 AGI Artificial General Intelligence 로 향하는 중요한 단계로 작용한다. AGI는 인간을 대체할 수 있는 AI로, 인간과 비슷한 수준의 지능을 갖출 뿐만 아니라 인간과 유사한 방법으로 상호작용할 수 있어야 한다. 대화형 AI의 발전은 AGI의 실현을 위한 필수적인 요소로 인간과 자연스럽게 소통하며 다양한 분야에서 유용하게 활용될 수 있는 기반을 마련한다.

그간 학자들은 AI가 얼마나 높은 수준의 지능을 지녔으며 인간을 얼마나 닮았는지 측정하기 위해 다양하게 시도했다. 특히 AI가 인간과 얼마나 유사하게 소통할 수 있는지를 평가하는 지표인 튜링 테스트 Turing Test 는 AI 분야에서 매우 빈번히 논의되는 주제다. 튜링 테스트는 1950년에 수학자 앨런 튜링이 고안한 평가 방법으로 AI가 얼마나 인간처럼 대화할 수 있는지를 측정한다. 테스트에 참여한 사람들이 대화 상대가 사람인지 기계인지를 구분하지 못한다면 해당 AI가 인간과 유사한 '사고 Thought' 능력을 가졌다고 평가한다. UC 샌디에이고의 연구진은 2024년 5월 발표한 연구 자료로 챗GPT-4의 튜링 테스트 결과를 발표하였다. 이 테스트에서 500명의 참가자들은 사람과 AI가 포함된 4개의 객체와 5분간 대화를 한 후 사람인지 AI인지를 구분한다. 테스트 결과 참가자들 중 54%는 GPT-4를 인간으로 오인하였다. 이와 같은 결과는 생성형 AI의 빠른 발전과 더불어 AI가 인간과 상당히 유사한 상호작용을 할 수 있는 수준까지 발전했음을 시사한다. 또한 인간과 구분하기 어려울 정도로 진화한 AI를 구체적으로 통제할 방안을 마련해야 할 시기가 도래했다는 의미기도 하다.

AGI가 언제 등장할지에 대한 전망은 다양하다. 일론 머스크는 AGI가 2025년 말에 등장할 수 있다고 주장하며 엔비디아의 CEO 젠슨 황은 5년 내에 AGI가 구현될 수 있다는 의견을 내놓았다. 구글 딥마인드의 데미스 하사비스는 AGI가 10년 내에 등장할 가능성이 있으나 아직은 그 등장 시기를 명확하게 판단하기 어렵다고 주장했다. 로봇 AI 분야의 권위자인 MIT Massachusetts Institute of Technology 명예교수 로드니 브룩스는 세계 학술지에 AI 논문을 게재한 과학자 2,778명을 대상으로 한 설문에서 인간을 초월한 AI의 등장 시기를 물어본 결과, 평균적으로 2047년을 예상한다고 밝혔다. AGI라 부를 수 있는 AI의 요건 정의가 불분명하기에 여전히 전문가들 사이에서도 그 등장 시기를 놓고 의견이 분분한 상황이다.

AI의 기술적 발전뿐만 아니라 성능이 우수한 AI의 운용을 위한 전력 인프라, 발열 제어 기술 등의 요소도 AGI 등장 시기를 논할 때 중요한 변수로 꼽힌다. 오픈AI는 자사의 AI 학습 비용을 명확히 공개하지 않고 있다. 그러나 2021년 구글 연구자들은 매개 변수 1,750억 개 규모의 오픈AI GPT-3 모델을 훈련할 때 사용된 전력을 약 1.3GWh 기가와트시로 추정했으며 이는 대형 원전의 1시간 발전량에 해당한다.

비트코인 채굴에 쓰이는 전력량 추정으로 명성을 얻은 알렉스 드 브리스는 2023년 10월 AI의 확산에 따른 전력 소비 증가를 다룬 논문을 발표했다. 드 리브스는 이 논문으로 2027년까지 AI용 신규 데이터 센터가 소비하는 전력이 매년 85~134TWh 테라와트시가 증가할 것이라는 예상을 내놓았다. 구글 검색은 1회당 평균 0.3Wh, 챗GPT는 요청 1건당 2.9Wh를 사용한다. 매일 생성형 AI

로 90억 건을 검색하면 연간 10TWh에 가까운 추가 전력이 필요하다. 대형 원자력 발전소 1기가 연간 9TWh 정도를 발전할 수 있으니 생성형 AI 운용에만 해마다 1기 이상의 원전이 더 필요해지는 것이다.

이와 함께 수자원 소비 문제도 함께 지목된다. AI 모델 훈련을 위해 많은 에너지가 소비되는데 데이터 서버에서 나오는 열을 식히기 위해 적지 않은 물이 필요하다. 미국 UC 리버사이드의 샤올레이 런 교수는 챗GPT-3에 10개 정도의 질문을 하면 약 $500ml$의 물 소비가 발생한다는 연구 결과를 발표했다. AI 서비스에 필요한 연간 소비 전력이 85에서 134TWh라 가정할 때 한 해에 42~66억 $m^3$의 물이 필요하다. 이는 영국 취수량의 절반에 해당하는 엄청난 규모다. 세계적인 기후 변화에 따라 식수난과 가뭄이 심화되는 상황을 고려할 때 적지 않은 반발이 일 것으로 예상된다.

이러한 우려 속에서도 이미 여러 기업들이 AI 데이터 센터 건립을 시작했다. 마이크로소프트와 오픈AI는 1,000억 달러를 투자한 스타게이트 프로젝트로 슈퍼 컴퓨터를 도입한 최첨단 AI 데이터 센터 건립을 발표했다. 메타는 인디애나주 제퍼슨빌에 AI 전용 대규모 데이터 센터를 건설 중이며 이를 바탕으로 AGI 연구를 가속화할 계획을 발표했다. 더불어 엔비디아는 AI용 GPU 공급으로, 삼성전자와 SK하이닉스는 HBM 공급으로 AI 데이터 센터 건립에 직접적으로 참여할 가능성이 높다. AI 데이터 센터별 각각의 요구 사항을 수집하여 커스텀 AI 반도체와 메모리를 설계, 공급한다는 예상이다.

생성형 AI 운용을 위한 데이터 센터는 고도의 연산 능력을 제공하기 위해 대규모 전력을 소모하므로 에너지 효율성을 높이는 기술의 도입이 필수적이다. 기업들은 재생 에너지를 활용한 전력 공급, 수랭식 냉각 시스템, AI 기반 에너지 관리 시스템 등을 도입하여 에너지 소비를 줄이고 탄소 배출까지 최소화하려는 노력을 기울이고 있다. 구글은 AI를 통해 데이터 센터의 에너지 사용을 최적화하여 냉각 비용을 40% 절감했고, 마이크로소프트는 자사의 데이터 센터에 100% 재생 에너지 사용을 목표로 점차 사용률을 높이는 중이다. 엔비디아도 AI 기반 에너지 관리 시스템을 도입하여 데이터 센터의 효율성을 극대화한다. 이러한 노력들은 AI의 지속 가능한 발전을 도모하며 환경 보호와 경제적 효율성을 동시에 추구하는 데 중요한 역할을 한다.

이와 함께 생성형 AI의 지속 가능한 발전을 위한 또 다른 큰 축은 윤리적 활용과 규제 방안이다. GPT-4o 발표 직후 오픈AI는 구설에 휘말렸다. GPT-4o의 음성 중 하나인 '스카이'가 배우 스칼렛 요한슨의 목소리를 무단으로 사용했다는 의혹이 제기되었기 때문이다. 스칼렛 요한슨 역시 오픈AI로부터 요청을 받았으나 자신의 목소리 사용을 허락하지 않았다고 밝혀 논란이 커졌다. 이에 스칼렛 요한슨은 법적 대응을 시사했고, 오픈AI는 음성 사용을 중단했다. 이러한 논란에 대응하기 위해 오픈AI는 브렛 테일러 이사회 의장과 샘 올트먼 CEO가 이끄는 새로운 안전·보안 위원회를 구성하여 안전장치를 마련하기로 했다.

어도비도 비슷한 문제를 겪었다. 고인이 된 사진작가 안셀 애덤스의 작품을 모방한 AI 생성 이미지를 어도비 스톡에서 판매해 논란을 일으켰다. 애덤스의 유족은 문제의 사진들을 발견한 2023년 8월부터 여러 차례 항의했으나 10개월이 지나서야 어도비의 답을 들을 수 있었다. 어도비는 해당 사진들을 삭제하고 앞으로 유사한 사례를 방지하기 위해 더욱 엄격한 모니터링을 실시하겠다고 밝혔다. 애덤스 유족은 어도비가 예술가들을 존중하고 윤리적 AI 사용을 위한 적극적인 조치를 취할 것을 요구했다.

이 밖에도 AI의 저작권을 둘러싼 다양한 이슈들이 제기되고 있다. 시카고 트리뷴, 덴버포스트, 뉴욕 데일리 뉴스 등 미국 유력 일간지 8곳이 AI 서비스 모델 개발 과정에서 자사 뉴스를 무단으로 사용했다고 주장하며 오픈AI와 마이크로소프트를 상대로 소송을 제기했다. 미국 예술가들은 메타가 인스타그램 게시 글을 AI 훈련 데이터로 사용한다는 발표에 반발하며 '탈 인스타'를 선언했다.

반대로 AI 이미지 경연에서 실제 사진으로 우승한 사진작가 마일스 아스트레이의 수상이 취소되는 해프닝도 있었다. 아스트레이는 AI 카테고리에 직접 촬영한 사진을 출품해 AI와 인간의 창작물 차이를 보여 주려 했다고 밝혔다. AI가 인간이 촬영한 사진을 넘어서는 이미지를 만들어 낼 수 있지만 여전히 사람만이 할 수 있는 방식으로 AI를 초월하는 작품을 창작할 수 있다는 믿음에서 사진을 출품한 것이다. 마일스 아스트레이는 이번 출품으로 AI의 모방과 창의성, 그리고 예술 본연의 가치를 향해 질문을 던졌다.

주요한 빅테크들이 자리 잡은 미국과 유럽에서는 AI가 만들어내는 콘텐츠의 저작권 문제, 개인정보 보호, 데이터 편향성 등을 해결하기 위해 AI 윤리 가이드라인을 마련하며 생성형 AI 기술의 투명성과 책임성을 강조한다. 이러한 규제와 가이드라인이 기술 발전의 속도를 늦출 수는 있지만 장기적으로 신뢰할 수 있는 AI 생태계를 구축하는 데 반드시 필요한 논의라는 사실은 분명하다.

유럽 연합은 2024년 3월 AI 규제법을 제정하여 AI 개발의 잠재적 위험을 방지하고 투명성을 높이기 위한 노력을 기울이고 있다. 이 법안은 AI의 사회적 점수 평가 금지, 생체 인식 식별 시스템 사용 제한 등을 포함하여 AI 기술의 오용을 방지하기 위한 엄격한 기준을 마련한다.

영국에서는 2023년 3월 AI 규제 로드맵을 발표한 바 있다. 로드맵에는 영국 과학혁신기술부 DSIT가 작성한 AI 규제에 대한 혁신적 접근을 제시하는 몇 가지 백서들이 포함되었다. 백서에는 위험 및 고위험 AI에 대한 구체적인 요건 정의와 구체적인 규제안들이 담겼다. 영국 정부는 AI 주도 국가로 나아가고자 하는 국가 차원의 어젠

다를 설정하고, 단일 규제 기관 대신 기존 기관이 부문별, 상황별 지침을 채택하는 유연한 규제 방식을 도입하기로 했다. 이를 통해 안전·보안·견고성, 투명성·설명 가능성, 공정성, 책임·거버넌스, 이의 제기·시정의 다섯 가지 공통 원칙을 바탕으로 2023년 11월 AI 안전성 정상 회의를 개최하여 AI 국제 표준 논의를 주도하기도 했다.

2023년 10월 미국도 행정부 차원에서 AI의 안전하고 신뢰성 있는 개발 및 활용을 위한 첫 행정 명령을 발표했다. 이 행정 명령은 기존 트럼프 행정부의 AI 촉진 명령과는 달리 AI의 안전성, 보안성, 신뢰성 강화를 목표로 하며 연방 정부와 기업의 책임을 강화하는 포괄적인 규제 지침을 포함한다. 주요 내용은 AI의 새로운 안전 및 보안 기준 마련, 개인정보 보호, 형평성과 시민권 증진, 소비자 보호, 연방 정부의 AI 사용 및 조달 지침 개발 등 8가지로 구성되었다. 특히 눈에 띄는 점은 안보, 경제, 공중 보건과 안전에 위협을 가할 수 있는 AI 모델 개발자는 훈련 단계부터 정부에 고지하고, 정부 검증 전문가팀의 안전성 평가를 받아야 한다는 것이다. 또한 미국에서 클라우드 서비스를 제공하는 기업은 외국 사용자에 대한 신고도 의무화된 상태이며 해외 기업들도 반드시 관할 기관에 안전성 평가와 평가 결과를 보고해야 한다. 이어 2024년 1월 바이든 대통령은 추가적인 행정 명령으로 미국 AI 안전 연구소US AISI 신설을 발표하고 AI 생성 콘텐츠 인증, AI 워터마크 표시, 유해 알고리즘 식별 등에 대한 규제를 예고했다.

호주에서는 2024년 6월 AI를 이용한 딥페이크 음란물 배포를 두고 최대 6년의 징역형을 부과하는 법령이 입안되었다. 마크 드레이퍼스 법무 장관은 AI를 이용해 생성된 성적 이미지를 비동의로 공유하는 것을 범죄로 규정하고 이를 생성한 사람에게 징역형을 부과하는 법안을 연방 의회에 제출했다. 드레이퍼스 장관은 기술 발전에 맞춰 법률을 개선하고 기술을 이용한 폭력적이고 혐오적인 이미지 확산을 방지하기 위한 조치라고 설명했다. 이 법안에는 AI를 이용한 온라인 안전법 개정 및 악의적인 개인정보 활용에 대한 대책도 포함된다.

우리나라는 이러한 경향으로부터 다소 뒤처진 모습을 보인다. 'AI기본법'이라 불리는 법안이 국회에서 처리되지 못하고 4년째 장기 표류 중이다. AI의 안전한 개발과 사용, 그리고 관련 산업 진흥을 목표로 2021년 7월 이후 발의된 7건의 법안들을 병합하여 만들어진 AI기본법은 2023년 2월 관련 법안 소위를 통과하여 입법이 가시화되었다. 하지만 이후 정치권의 갈등으로 진척이 없는 상황이다. 또한 정부의 R&D 예산 감소로 AI 스타트업들이 어려움을 겪는 중이다. 연구 지원비는 물론 보조금 삭감의 반사 효과로 상승한 각종 비용들 때문에 난항을 겪는 중이다. 세부적인 법안이나 지원은 차치하더라도 AI에 관련하여 최소한 어떤 일을 할 수 있고, 어떤 일을 할 수 없는지 최소한의 가이드라인조차 제시되지 않아 기업들의 속을 태우는 상황이다.

이러한 국내 상황과 달리, 앞서 논의한 AI 규제 지침들은 글로벌 기업들에 대한 적용을 통해 범세계적으로 확대될 가능성이 높다. 예를 들어 국내 기업들도 미국 AI 기술을 이용할 경우 AI 훈련 단계부터 안전성 평가를 받아야 한다. 그리고 AI를 이용하여 플랫폼 서비스를 제공하려면 반드시 미국 상무부에 보고해야 한다. 기업들은 국가별, 권역별로 이러한 규제 적용 여부를 상세히 확인하고 선제적으로 대응할 필요가 있다.

기업 차원에서도 AI의 윤리적 활용에 대한 심도 있는 논의가 이어지는 중이다. 메타는 2024년 5월부터 페이스북, 인스타그램, 스레드 등 자사 SNS 플랫폼에 게재되는 AI 생성 콘텐츠에 AI가 생성했음을 알리는 워터마크를 부착하도록 했다. 또한 AI 생성 콘텐츠들을 식별하기 위하여 그간 공동의 기술 표준을 논의한 메타는 데이터 라벨링으로 딥페이크나 가짜 뉴스 등에 대응하기로 했다. 그리고 2024년 7월에는 라마를 비롯하여 오픈소스로 공개 중인 자사의 언어모델들의 오용을 방지하고자 '라마 AI 스택'이라는 소프트웨어 도구들을 발표했다. AI 모델이 유해하거나 위험한 콘텐츠를 생성하지 않도록 방지하는 가드레일 소프트웨어와 외부로부터의 프롬프트 공격을 막는 방화벽 등을 포함한 라마 AI 스택을 제공하는 것이다. 이를 통해 오픈소스로 언어 모델들에 대한 안전장치를 함께 제공하며 올바른 오픈소스 AI 생태계 구축을 위한 초석을 다져 나가고 있다.

→ 'AI info'라는 워터마크가 삽입된 AI 생성 이미지

한편, 오픈AI와 구글 딥마인드의 전·현직 연구자 13명은 생성형 AI 기업들이 내부 비판자와 고발자를 보호하는 4가지 원칙을 채택할 것을 촉구하는 공개 서한을 발표했다. 이들은 AI 기술의 위험성, 특히 불평등 심화, 조작, 정보 왜곡, 자율 AI 시스템의 통제 상실 등으로 발생하는 인류 멸종 가능성에 대해 경고했다. 연구자들은 서한을 통해 AI 기업의 자율 규제만으로 이러한 문제를 해결하기에 부족하다고 주장하며 AI 기업들이 비판을 억제하지 말고 공개적으로 토론을 장려해야 한다고 강조했다. 이러한 윤리적 논의는 AI 기술이 사회에 미칠 영향을 고려할 때 필수적이며 이는 기술 발전과 동시에 지속되어야 한다는 점에서 기업들이 윤리적 책임을 다할

필요가 있다.

AI의 도입은 기술을 넘어 커다란 윤리적·사회적 도전과 과제를 동반한다. 이에 따라 주요 국가들은 AI 규제로 안전성과 신뢰성을 높이고 AI 기술의 오용을 방지하고자 한다. 이러한 규제와 정책들은 글로벌 AI 규제의 표준을 마련하고, AI 기술이 사회에 긍정적인 영향을 미칠 수 있도록 돕는다. 기업들은 각국의 규제에 따라 AI 기술을 개발하고 활용하며 안전성과 윤리성을 고려한 접근이 필요하다. AGI의 도입을 위한 인류의 도전은 기술적 혁신을 넘어 AI의 사회적 책임과 윤리적 기준을 강화하는 계기가 될 것이다.

**Chapter 2**

# 01

# DX 시대를 넘어
# AX 시대로

# DX vs AX

PC 게임을 즐겨 한 사람들 사이에서는 '3대 악마 게임'이란 용어가 통용된다. 엄청난 몰입감으로 정신을 차리면 시간이 훌쩍 가 있는 문명, 풋볼 매니지먼트, 히어로즈 오브 마이트 앤 매직이라는 세 가지 게임에 붙은 영광스러운 별명이다. 그중에서도 문명이란 게임은 인류의 발전사를 재미있고 유익하게 녹여 낸 역사 시뮬레이션 걸작이다. 게임에서 플레이어는 문명 발전을 위해 어떤 기술을 어느 시기에 도입할지 결정하고, 그 결과 생산된 병력을 이용해 다른 부족을 정복해야 한다. 따라서 주어진 환경에서 어느 기술이 나에게 유용할지 판단하고 기술을 한 단계씩 발전시키는 것이 중요하다. 전차를 개발하기 위해 바퀴를 발명하거나 원자 폭탄을 생산하기 위해 핵분열을 연구해야 하는 것처럼 말이다.

현실의 ICT 기술도 차근차근 단계를 밟으며 진보하고 있다. 한 시대의 기술 트렌드는 그다음 기술 발전의 발판이 된다. 최근 ICT를 선도한 기술 트렌드는 DX Digital Transformation였다. DX는 단순한 기술 도입을 넘어 기업의 전반적인 운영 방식을 혁신하는 거대한 여정이다. 클라우드 컴퓨팅, 빅데이터 분석, 사물 인터넷 기술로 기업은 더 지능적으로 우수해졌으며, 업무 과정에서 생산되는 모든 데이터가 통합 관리되고 이를 활용한 다양한 분석이 가능해졌다.

DX의 진정한 힘은 모든 비즈니스 영역의 데이터를 디지털 기술로 통합함으로써 효율성과 유연성을 극대화하는 데 있다. 글로벌 기업들은 이미 수년간 DX를 통해 기업 성장을 이뤄냈다. 아마존은 DX로 기업 가치를 발전시킨 대표적인 기업이다. 작은 온라인 서점에 불과했던 아마존은 지구상에서 가장 풍부한 상품 라인업을 목표로 인터넷 쇼핑몰을 확충했다. 이 과정에서 쇼핑몰과 물류 관리 서비스인 아마존 풀필먼트에 축적된 빅데이터를 활용해 사용자의 구매 이력과 상품별 발주 건을 정확히 파악하여 적절한 재고를 유지함으로써 전 세계에 유통 혁신을 가져왔다. 아마존은 이에 만족하지 않고 자신들의 IT 기술력을 바탕으로 전 세계에 AWS Amazon Web Service 클라우드 서비스를 제공하여 2024년 2분기에만 93억 달러의 영업 이익을 벌어들였다. 이는 전년 동기 대비 무려 74%나 증가한 것으로 아마존의 성장을 견인하는 부문이 클라우드 서비스임을 입증하는 결과다.

디지털 기술을 도입해 아마존과 같은 성장을 꿈꿨지만 다양한 이유 때문에 DX조차 완수하지 못한 많은 기업들에게 최근 AX Artificial Intelligence Transformation 라는 또 하나의 숙제가 주어졌다.

AX란 DX의 여러 요소들에 AI를 접목시킨 개념이다. DX가 기업의 업무 프로세스와 데이터를 연결하고 통합하는 데 중점을 뒀다면 업무 프로세스마다 AI를 접목시켜 산업의 체질을 변화시킴으로써 생산성을 극대화하기 위한 노력이 바로 AX다. DX가 디지털 기술로 비즈니스 프로세스 효율화에 무게를 둔 반면 AX는 한 단계 더 나아가 AI가 중심이 되어 산업을 재구성하고 전략적으로 변화시키는 데 집중한다.

그렇다면 AX의 중심이 되는 AI란 무엇일까? 마이크로소프트 AI 부문 CEO인 무스타파 슐레이만은 AI를 '휴먼 에이전시Human Agency'로 정의했다. 휴먼 에이전시란 의식적으로 선택하고 행동하며 주변 환경에서 의미를 발견하는 개인의 역량을 가리키는 사회학 용어다. 다시 말해 AI는 새로운 기술에 활용되는 단순한 도구가 아닌 스스로 선택하고 행동하는 새로운 디지털 종으로 여겨야 한다는 의견이다. 그는 AI를 가능성과 잠재력이 가득한 아이로 봐야 하며 그 아이가 미칠 영향은 핵융합과 같아서 무한하고 풍부하다고 했다. 따라서 AI를 균형 잡힌 데이터와 경험으로 세상에 도움이 되는 멋진 아이로 키워야 한다고 말했다. 이에 따르면 AX는 DX에 단순히 AI 기술을 접목시킨 것이 아닌 AI라는 새로운 종과 협업하는 개념의 업무 혁신으로 봐야 한다. 실제 관련 분야 내 선도 기업들의 AX도 AI의 주도적인 판단과 행동을 믿고 일정 권한을 이양하는 방식으로 진행되는 중이다.

삼성전자는 신형 스마트폰에 온디바이스 AI를 탑재시켰고, LG전자는 미래형 콘셉트카와 스마트홈에 AI 기술을 도입했다. 단순 기술 도입에 의한 자동화 수준이 아닌 AI가 중심이 된 산업 트렌드 생태계를 구축한 것이다. 실제로 삼성전자와 LG전자를 포함한 전자 기업들은 다양한 하드웨어에 탑재된 소프트웨어의 통제권을 점점 AI에게 맡기는 추세다. 이제 단순한 연결만으로 시장을 석권할 수 없다는 위기 의식 때문에 AI를 주인공으로 하여 고객 경험 차별화를 추구하는 것이다.

디지털 전환 이후에 AI 전환 시대가 도래한다는 것은 AI 연구자나 글로벌 테크 리더, 유수의 컨설팅 기업들 사이에서 꾸준히 거론되었다. 그러다 챗GPT를 필두로 한 생성형 AI의 등장과 세계 최대의 ICT 박람회인 CES 2024를 기점으로 AX는 더욱 각광받기 시작했다. CES 2024에서 기업들은 저마다의 서비스와 업무에 AI를 어떻게 접목시켰는지 어필하는 데 집중했다. 업종을 불문하고 기업의 다양한 프로세스 전반에 AI가 녹아들기 시작한 것이다. 앞서 언급한 문명 게임에서 승리하기 위해 플레이어가 핵분열을 거쳐 원자폭탄을 만드는 것처럼 이제 기업은 경쟁에서 승리하기 위해 DX를 거쳐 AX를 추진 중이다.

# AI 도입, 선택 아닌 필수

아래 기사는 각종 밈Meme에서 활용되는 〈데일리 메일〉의 2000년 12월 5일 기사다. 기사에서 연구자들은 "인터넷은 많은 사용자에게 일시적인 유행일 수 있다. 수백만 명이 인터넷 사용에 높은 요금을 지불하는 것을 꺼리며 인터넷이 사회를 혁신할 것이라는 예측은 부정확하다. 인터넷을 사용한 온라인 쇼핑의 미래는 제한적이다."라고 논평했다. 매일 새벽 쿠팡으로 생필품을 전달받는 현대인의 입장에서 코웃음이 나는 기사지만 신기술의 등장 시기마다 이러한 반응은 늘 존재했다.

⟶ 〈데일리 메일〉 2000년 12월 5일 기사　　　　　　　　　出처: surrealevents

1990년대 초반, PC가 도입될 당시 많은 사람은 개인용 컴퓨터가 필요 없다고 생각했다. 당시의 사회적 분위기는 컴퓨터 기술을 향한 불신과 두려움이 팽배했고 많은 사람이 컴퓨터가 자신의 일자리를 빼앗을 것이라는 두려움을 가졌다. 그러나 시간이 지나면서 컴퓨터의 유용성이 증명되었고 특히 데이터 처리와 문서 작업에 주로 활용되면서 기업과 개인 모두 PC를 필수 도구로 받아들이게 되었다.

스마트폰이 도입되었을 때도 비슷했다. 사람들은 전화기에 이런저런 기능을 담는 것을 선호하지 않는 것처럼 보였고 스마트폰의 복잡한 기능과 높은 가격에 부담을 느꼈다. 하지만 얼마 지나지 않아 스마트폰은 개인의 생활 방식뿐만 아니라 비즈니스와 사회적 상호작용에도 큰 영향을 미쳤다. 소셜 네트워킹 애플리케이션으로 사람들은 전 세계와 쉽게 연결될 수 있게 되었고 모바일 뱅킹의 도입으로 금융 서비스에 대한 접근성이 높아졌다. 오늘날 스마트폰은 정보 검색, 온라인 쇼핑 등의 다양한 앱으로 통신 도구를 넘어 필수적인 생활 도구로 자리 잡고 있다.

AI 도입을 바라보는 사회적 반응도 크게 다르지 않다. 하지만 생각보다 빠르고 효과적으로 AI는 업무 전반에 파고드는 추세다. 마이크로소프트와 링크드인이 조사한 2024 업무동향지표에 따르면 전 세계 지식 근로자의 75%가 직장에서 생성형 AI를 사용한다고 답했다. 직장 내 리더들은 79%가 회사 경쟁력을 유지하기 위해 AI

를 채택해야 한다고 생각했다. 그래서인지 리더의 66%는 AI 활용 능력이 없는 직원은 고용하지 않겠다고 밝혔으며, 71%는 AI 기술을 가진 직원을 선호한다고 말했다. 이를 반영하듯 2023년 링크드인 프로필에 코파일럿과 챗GPT 기술 언급이 142배 증가한 것으로 나타났다. 개인별 활용 사례의 경우 AI 파워 유저인 직장인의 약 93%는 AI가 창의력을 향상시키고 중요한 일에 집중할 수 있도록 도와준다고 답했고, 91%는 AI가 일을 더 즐길 수 있게 해 준다고 응답했다.

기업의 AI 도입 트렌드에 발맞춰 세계 각국에서도 국가 차원의 투자를 아끼지 않고 있다. 미국은 '국가 AI R&D 전략 계획'으로 차세대 AI 연구 투자 방안을 확정했다. 이 계획에서는 인간과 AI의 협업 Human-AI Teaming 이라는 개념을 도입하여 신뢰성을 증진하고 범용 AI 개발을 위한 장기 투자 계획을 추가했다. 유럽 연합도 유럽 내 AI 개발과 활용 장려를 목적으로 하는 'AI 조정 계획'을 수립하고 AI 도입과 활용 촉진으로 전략적 리더십을 확보하기 위해 노력하는 중이다. 중국은 '중국 제조 2025'로 2025년까지 제조 분야의 AI 고도화를 중점 과제로 선정했다. 일본도 2019년 국가 차원의 'AI 전략'을 수립한 이후 매년 전략 추진 상황을 점검 및 개정하고 있으며 공공 부문과 주요 산업 분야에서의 AI 활용을 촉진시키고 있다. 우리나라도 2024년 4월 'AI 전략 최고위 협의회'를 출범

하고 국민 일상과 산업 현장 및 정부 행정 분야에 AI 확산을 위해 총 7,102억 원을 투자하기로 했다.

이러한 사회 분위기 속에서도 PC와 스마트폰의 유용성을 의심했던 사람들처럼 AI의 효용성에 의문을 갖는 사람도 있을 수 있다. 하지만 전문가들은 AI 도입의 필요성을 지속적으로 강조한다. 2024년 5월 열린 세계 최대 인재 개발 관련 행사인 ATD24 인터내셔널 콘퍼런스&엑스포에 참석한 전문가들은 '생산성, 영업 이익 등을 높이기 위해 AI 도입은 선택이 아니라 필수이며 AI를 사용하는 조직과 그렇지 않은 조직 간 격차는 점점 벌어질 것'이라고 주장했다. 행사에 참여한 전문가는 미국경제연구소가 5,179명의 고객 지원 상담원을 대상으로 연구한 결과, AI를 활용했을 때 시간당 업무 처리 속도가 평균 14% 개선됐다고 언급했다. 또 다른 연구에서는 저숙련 그룹과 고숙련 그룹이 AI를 활용해 과제를 수행할 경우 저숙련 그룹은 과세 수행 점수가 43% 향상되고 고숙련 그룹은 17% 향상되는 결과가 나왔다며, 이를 통해 AI의 활용이 조직 간 격차를 줄이는 데 도움을 줄 수 있을 것이라 기대했다.

AI 활용은 직원뿐 아니라 기업 가치에도 영향을 미친다. 이코노미스트와 유럽 리서치 기업 프리딕트리즈가 S&P500 기업을 대상으로 한 조사에 따르면 AI 활용도 상위 100대 기업은 2023년 상반기에 주가가 11% 상승한 반면 하위 100개 기업은 주가 변동이 없었다. 조사 결과 AI 활용도 상위 100개 기업 중 절반은 IT 기업이 아닌 금융, 보험, 의료 서비스 등 데이터 집약적 산업에 종사하는 기업이었다. 여기에 포함된 모더나, 길리어드 사이언스 같은 유명 제약사는 이미 신약 개발에 AI를 활용했으며, 포드, GM 등은 전기차와 자율 주행 자동차 개발에 AI를 활용 중이었다. 이코노미스트는 AI 선도 기업 내에서도 AI 활용 격차가 점점 벌어져 양극화 현상이 발생하고 있으며, 시장은 AI를 적극 활용하는 기업을 긍정적으로 평가한다고 말했다.

지금의 AI 도입 추세는 특정 집단의 필요성에 의해 강제로 추진되는 것이 아니라 모든 경제 주체의 이해관계가 맞물린 사회적 움직임으로 이어지는 모습이다. 개인은 업무 역량을 발전시키기 위해, 기업은 생산성을 높이기 위해, 정부는 저출생과 노동력 문제를 해결하기 위한 도구로 AI를 활용한다. 트렌드에 적응한 개인과 기업, 국가는 그 가치와 잠재력을 인정받고 있다. AI 도입과 관련해 다보스 포럼의 패널로 참가한 아랍에미리트의 알 올라마 장관의 말이 의미심장하다. "AI를 받아들이지 않거나 늦게 받아들인다면 끝장날 것입니다."

# 02

오피스에
불어닥친
AI 광풍

# 완벽한 신입 사원, 그 이름은 AI

챗GPT는 방대한 내용의 자료를 척척 요약하고 간단한 질문에 수준 높은 답변을 내놓기도 한다. 하지만 보고서같이 긴 맥락의 글을 처음부터 끝까지 작성하도록 요구하면 문단별로 따로 노는 결과물을 내놓거나 비슷한 내용의 문장을 반복적으로 서술하기도 한다. 챗GPT가 만족스러운 품질의 보고서를 완성하지 못하는 이유는 무엇일까?

인간은 미션이 주어지면 업무의 목적이 무엇인지 이해하고 문제를 해결하기 위한 전체적인 과정을 계획한다. 세부적인 과정에서 나온 결과물을 확인하고 만족스럽지 않을 경우 그것을 보완할 다양한 방법을 모색하기도 한다. 이때 작동하는 것이 메타 인지다. 내가 무엇을 하고 있는지, 잘하고 있는지 인지하고 전체 과정을 한 단계 상위 관리자 입장에서 바라보는 시각이다. 하지만 AI는 아직 메타 인지를 탑재하지 못했다. 생성형 AI가 작성한 보고서는 모델의 학습 결과로 생성될 뿐이고, AI가 보고서에 보강할 부분이 있는지 다시 한번 검토하는 일은 없다. 그러다 보니 보고서의 흐름이 일관되지 않고, 몇 개의 키워드를 가지고 여러 사람이 작성한 내용을 짜깁기한 듯한 글이 완성되곤 한다. 개별 질문에는 답변을 잘하지만 전체적인 맥락이 이어지지 않는 것이다. 게다가 AI 모델이 수용할 수 있는 텍스트 용량에 한계가 있다 보니 대화가 지속될수록 깊이 없는 뻔한 글이 완성되는 경우가 많다. 시키는 작업만 딱 하는 신입 사원의 느낌이다.

이런 AI의 기술적 한계로 현재 기업에서 업무를 돕기 위해 개발되는 AI 솔루션은 AI가 주체적으로 업무를 총괄하는 '휴먼 인텔리전스'가 아닌 기존 직원의 지시에 따라 업무를 지원하는 부조종사 포지션의 '코파일럿' 개념으로 서비스되는 경우가 많다.

대표적인 AI 업무 지원 서비스에는 마이크로소프트 365 코파일럿이 있다. 부조종사를 뜻하는 이름에서 알 수 있듯이 코파일럿은 오피스 앱인 마이크로소프트 365 곳곳에 내장되어 AI 도우미 역할을 톡톡히 한다. 워드에서는 코파일럿이 글을 작성, 편집, 요약해 준다. 간단한 프롬프트만 입력하면 코파일럿은 기존 문서에 콘텐츠를 추가하거나 텍스트를 요약하고 섹션 전체를 다시 작성해 주기도 한다. 덕분에 사용자는 글을 쓰거나 편집하는 시간을 절약하고 더 나은 아이디어를 발전시킬 수 있다. 파워포인트에도 코파일럿이 탑재되었다. 코파일럿에게 간단한 아이디어를 지시하면 다양한 디자인의 프레젠테이션 문서를 제안하고 만들어 준다. 또한 자연어 명령을 사용해 레이아웃을 조정하거나 텍스트나 애니메이션 수정을 요청할 수도 있다. 엑셀의 코파일럿은 데이터 분석에 효과적이다. 자연어를 기반으로 데이터에 관해 질문할 수 있으며, 상관관계 분석이나 새로운 수식 제안 등 AI를 기반으로 한 데이터 분석에 많은 도움을 준다. 이 밖에 아웃룩이나 팀즈 등 마이크로소프트는 자사 솔루션 곳곳에 AI 기능을 탑재하여 제품 경쟁력을 향상시키는 중이다. 특히 팀즈의 기능 중에 내가 주도하지 않지만 참관 요청을 받은 온라인 회의에 AI를 대신 참석시키고, 자동 작성된 회의록에서 나에 대한 언급이 있었는지 물어보는 방법으로 불필요한 회의 참석 시간을 아껴 업무를 효율적으로 개선한 케이스도 있다.

다양한 디자인 툴을 서비스하는 어도비에서도 자사 솔루션에 AI 편집 기능을 탑재했다. 어도비는 파이어플라이Firefly 모델을 기반으로 포토샵 프로그램에서 바로 이미지 생성을 지원한다. 2023년 3월에 공개된 파이어플라이는 텍스트를 입력하면 이에 해당하는 이미지나 영상을 생성해 주는 AI 서비스다. 파이어플라이의 이미지 생성 기능은 참조 이미지, 이미지 생성, 비슷하게 생성, 배경 생성, 디테일 강화 등의 기능으로 나뉜다. 이를 통해 누구나 아이디어를 쉽게 구현하고 강력하면서도 쉬운 이미지 편집으로 창의적인 결과물을 만들어 낼 수 있다. 기존에도 다양한 이미지 생성 AI가 있었지만 파이어플라이는 디자인 작업에서 가장 많이 활용되는 포토샵 프로그램 내부에서 구동되기 때문에 접근성에서 큰 장점을 가진다.

국내 ICT 솔루션에서도 AI 기능 경쟁이 치열하다. 국내 중소, 중견기업 ERP 시장 점유율 1위 기업인 더존은 다양한 자사 솔루션 내에서 기업의 AX를 지원한다. 더존 솔루션은 업무 과정에서 생산되는 기업 데이터 분석에 AI를 활용한다. 더존의 AI 솔루션인 ONE AI는 더존 프로그램 곳곳에서 활용 가능한 AI 챗봇으로 그룹웨어의 메일, 쪽지, 대화방의 내용을 요약하고 가공하는 데 실질적인 도움을 제공한다. 또한 파일 관리 시스템에 존재하는 PDF 문서를 분석하거나 웹 오피스 문서 작성에 할애되는 시간을 획기적으로 단축시킨다. 고객이 이미 활용하는 프로그램에 챗봇 기능을 추가하는 방법으로 AI 도입의 허들을 낮췄다. 더존은 생산성 본부와 업무 협약을 맺어 기업의 AI 도입으로 인한 실질적 생산성 향상을 검증하는 작업도 지속하는 중이다. 생산성 본부는 더존 ONE AI를 3개 분야, 14개 업무에 적용한 결과 업무 수행 시간은 89.7%가 감소하고 연간 비용의 88.9% 절감 효과를 경험했다고 밝혔다.

더존의 AI 솔루션 ONE AI

출처: 더존 홈페이지

앞선 사례에서 보듯, 챗GPT 같은 대화형 서비스 외의 현재 일터에서 활용되는 AI는 주로 기존 플랫폼의 기능으로 제공되는 요소 기술 형태로 서비스된다. 이는 주어진 업무의 수행 과정을 스스로 조직하고 능동적으로 실행하지 못하는 현재의 생성형 AI 특성에 기인한다. 하지만 업무 절차가 정형화되어 있고 DX를 활용해 업무 처리 데이터를 체계적으로 관리할 경우, 기업별 전용 AI 모델을 개발하여 이 문제를 해결하기도 한다. 전용 AI 모델은 기본 언어 모델에 기업이 보유하는 데이터를 추가로 학습시키는 과정으로 만들어지는데, 이를 로컬 LLMLocal Large Language Model 이라고 부른다. 가장 대표적인 사례가 고객 상담용 챗봇이다.

챗봇 Chatbot 은 문자나 메신저를 기반으로 마치 사람처럼 상호작용해 주는 대화형 소프트웨어를 말한다. 챗봇을 도입해 자동 답변 시스템을 구축한 기업은 고객 문의에 신속하고 정확하게 대응하여 고객 서비스의 효율성을 크게 향상시킨다. 또한, 고객의 요구나 불만 사항을 분석하여 서비스 개선에 필요한 인사이트를 제공할 수도 있다. 고객 상담 업무에 활용되는 챗봇의 AI 모델은 과거의 상담 이력과 다양한 제품 정보, 장애 해결 매뉴얼 데이터를 학습시켜 만들어진다. 기업마다 취급하는 제품 특성과 고객 상담 이력이 다르기 때문에 기업 고유 데이터를 학습시킨 전용 로컬 LLM 모델을 활용하면 우리 회사에 최적화된 챗봇을 구현할 수 있어, 기업의 생산성과 효율성을 높이는 데 큰 도움이 된다. 그리고 AI 기술을 반영한 챗봇은 케이스별로 정해진 답변을 하도록 코딩된 일반 챗봇에 비해 더 세련된 표현으로 다양한 케이스에 대응할 수 있어 인간 상담사와 비슷한 느낌을 주기도 한다. 이와 관련해 2024년 4월 인도 최대 IT 컨설팅 업체 타타 컨설턴시 서비스의 CEO인 크리티 바산은 언론과의 인터뷰에서 "빠르면 1년 안에 AI가 콜센터의 필요성을 최소화할 것"이라고 말했다. 그는 "다국적 기업들 사이에서 생성형 AI가 더 많이 도입되면 고객 지원센터가 개편될 것"이라며 직원이 직접 고객을 응대하는 시스템 자체가 사라질 것이라고 전망했다.

실제로 일본의 소프트뱅크는 마이크로소프트와 손잡고 생성형 AI로 콜센터 운영을 최적화하는 프로젝트에 착수하겠다고 발표했다. 유럽 최대 통신사인 영국 보다폰은 2024년 3월 글로벌 컨설팅 업체 액센츄어와 협력해 만든 AI 챗봇을 출시했다. 국내에서도 AI 고객 센터 구축 서비스 경쟁이 치열하다. AICC AI Contact Center 는 단순 반복 업무가 많은 고객 상담센터의 업무를 분석한 데이터를 학습시켜 기업 맞춤형 콜봇이나 챗봇을 만들어 주는 서비스다. 이 서비스는 KT, SKT, LG U+ 등 통신 3사를 비롯해 네이버, 카카오엔터프라이즈 등 IT 기업들과 삼성 SDS, LG CNS 등 SI 기업들이 눈독 들이는 큰 시장이다. 업계에서는 이 시장이 2030년까지 약 4,546억 원에 이를 것으로 전망한다.

2024년 4월 한겨레 신문이 전국 은행, 카드사 등 콜센터 상담사 185명을 대상으로 진행한 설문에 따르면 전체 90%에 이르는 상담사들이 현재 자신이 근무하는 콜센터에 AI 기술이 도입됐다고 답했다. 실제로 2023년 11월 KB국민은행은 2년 새 챗봇 상담 건수가 200% 이상 증가하여 6개 콜센터 용역 회사 중 2곳과 도급 계약을 해지했으며, 신한카드는 'AI 5025' 프로젝트로 2025년까지 대고객 상담 커버리지를 50%까지 대체하는 것을 목표로 하겠다고 밝혔다. 고객 상담 분야에서 AI 도입에 따른 인력 대체는 이미 현실화되고 있는 상황이다.

AI가 일터에서 사람의 업무를 완벽하게 수행하기 위해서는 세 가지 조건이 필요하다. 첫 번째는 일반 인공지능을 의미하는 AGI Artificial General Intelligence 수준의 AI 모델이다. AGI는 인간의 인지 능력을 모방하여 특정 작업에 국한되지 않은 다양한 지적 작업을 수행할 수 있는 AI를 말한다. 인간이 문제를 해결하는 방식과 유사하게 추론, 계획, 학습, 의사소통을 통해 스스로 문제를 해결할 수 있다. 최근 등장한 오픈AI의 GPT-4o와 같은 모델의 성능을 감안했을 때, 머지않아 AGI 수준의 AI 모델의 탄생도 기대해 볼 만하다. 두 번째는 AGI 수준의 AI 모델에게 학습시킬 데이터다. 기업에서 이루어지는 업무 프로세스는 업종, 기업 규모, 소속 부서에 따라 천차만별이다. 따라서 AI를 필요로 하는 부서에서 원하는 작업을 수행하도록 훈련시킬 수 있는 데이터와 이를 훈련시킬 인력이 필요하다. 앞서 AICC 사례로 알 수 있듯이 업무 방법을 AI에게 학습시키는 과정은 이미 실현 가능한 영역이다. 세 번째는 업무에 활용되는 다양한 프로그램과의 연결이다. AI가 메모리 속에 아무리 뛰어난 결과물을 가졌어도 문서 작업을 수행할 프로그램 활용 권한이나 결과물을 회신할 메일 이용 권한이 없으면 그 내용을 바탕으로 다른 직원과 소통할 수 없다. 코파일럿과 어도비, 더존의 사례로 시장에서 이미 다양한 업무용 프로그램과 AI 연계 서비스 개발이 진행된다는 것을 알 수 있다. 차례로 언급한 세 가지 조건 중두 번째인 기업 데이터 학습과 세 번째인 업무용 프로그램 연결은 이미 다양한 서비스를 통해 실현되는 중이다. 결국 첫 번째 조건인 메타 인지를 가진 AGI 수준의 AI 모델의 등장이 완벽한 AI 신입 사원의 탄생을 위한 마지막 퍼즐이 될 것으로 보이며 그 등장은 가까운 미래가 될 것이다.

## AI가 전문직도 대체할 수 있을까?

2023년 12월 가천대학교 한의대 연구팀은 챗GPT에게 2022년 한의사 국가 시험 문항을 제시했다. 챗GPT가 미국의 로스쿨 입학 시험이나 의사 시험을 통과했다는 내용은 이미 많은 언론을 통해 알려진 바였다. 과연 챗GPT는 한의사 국가 시험도 통과할 수 있었을까?

평가 결과 정답률은 66.18%로 합격선인 평균 60점을 뛰어넘었다. 연구팀이 별도로 챗GPT에게 시험을 위한 한의학 분야의 추가 학습을 진행하지 않은 상태에서 나온 결과였다. 성능 좋은 다양한 AI 모델이 등장하면서 많은 전문가들은 AI가 곧 전문직 시험을 모두 통과할 수 있을 것이라는 전망을 내놓는다. 세계적인 반도체 회사인 엔비디아의 CEO 젠슨 황은 2024년 3월 미국 스탠퍼드대학교에서 열린 경제 포럼에서 "빠르면 5년 내에 AI가 모든 전문직 시험을 통과할 것"이라고 주장했다. AI가 전문직을 대체할 것이라는 견해는 인간보다 나은 AI가 등장할 수 있다는 의견처럼 들린다. 전문직이 되기를 희망하지만 성공하지 못한 사람 입장에서는 더 그렇다.

아이러니하게도 일반 직종보다 숙련되기 어렵다고 평가받는 의사, 회계사와 같은 전문 직종이 AI에 의해 대체될 가능성이 오히려 높다는 연구 결과가 나오는 추세다. 2023년 11월 한국은행이 발표한 'AI와 노동 시장 변화' 보고서에 따르면 직업별 AI 노출 지수를 근거로 전문직일수록 AI에 더 위협받을 수 있는 것으로 나타났다. 보고서에 따르면 일반의와 한의사의 AI 노출 지수는 상위 1% 이내에 들었으며 전문의(7%), 회계사(19%), 자산운용가(19%), 변호사(21%) 등도 높은 AI 노출 지수를 기록했다. 이와 관련해 《사피엔스》의 저자 유발 하라리도 국내 방송 인터뷰에서 대체하기 쉽고 많은 돈이 오가는 직업일수록 AI의 위협을 받을 것이라고 지적했다. 그는 일반적으로 지위가 높은 직업일수록 AI가 대체하기 어려울 것이라고 생각하지만, 지위가 높을수록 정보를 받아서 분석하는 일을 주로 하기 때문에 오히려 AI가 잘할 수 있다고 언급했다. 예를 들어 의사

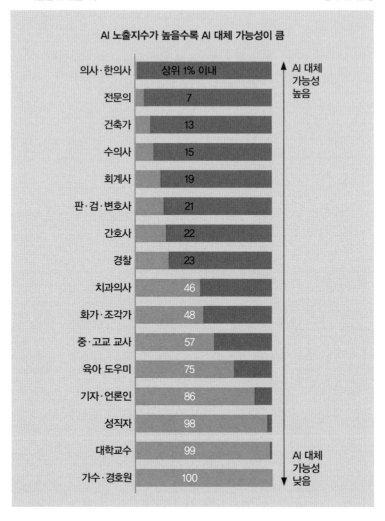

↗ 직업별 AI 노출지수                  출처: 한국은행

**AI 노출지수가 높을수록 AI 대체 가능성이 큼**

| 직업 | 지수 |
|---|---|
| 의사·한의사 | 상위 1% 이내 |
| 전문의 | 7 |
| 건축가 | 13 |
| 수의사 | 15 |
| 회계사 | 19 |
| 판·검·변호사 | 21 |
| 간호사 | 22 |
| 경찰 | 23 |
| 치과의사 | 46 |
| 화가·조각가 | 48 |
| 중·고교 교사 | 57 |
| 육아 도우미 | 75 |
| 기자·언론인 | 86 |
| 성직자 | 98 |
| 대학교수 | 99 |
| 가수·경호원 | 100 |

AI 대체 가능성 높음

AI 대체 가능성 낮음

는 환자의 질병 기록이나 증상이 기재된 정보를 받아 분석하는 일만 하기 때문에 AI로 대체하기 쉽지만 상처에 직접 붕대를 감아 주는 간호사는 오히려 대체하기 어려울 것이라는 이야기다.

의료계의 AI 활용 가능성과 관련하여 2023년 9월 NBC 뉴스는 미국에 사는 7세 소년인 알렉스의 사연을 소개했다. 4세 때부터 극심한 피로 및 통증과 함께 다리 길이마저 다르게 자라던 알렉스는 3년간 17명의 전문의를 찾아갔지만 정확한 병명을 찾지 못했다. 알렉스의 가족은 자포자기 심경으로 챗GTP에 알렉스의 MRI 결과와 각종 의료 기록을 입력했고 챗GPT는 알렉스에게 '지방 척수 수막류'라는 진단을 내렸다. 이후 병원을 찾아 확인한 결과 이 진단은 정확한 것으로 밝혀졌고, 알렉스는 지방종 제거 수술을 받고 회복 중이라고 한다.

유럽 응급 의학회의 연구 결과에 따르면 네덜란드 종합 병원 응급실에서 치료를 받은 환자 30명의 증상과 혈액, 소변 검사 수치를 입력했을 때 챗GPT가 87~97%의 정확도로 환자를 진단해 냈다. 응급실 의사의 정확도가 87%인 것을 감안하면 의사보다 나았던 셈이다. 이런 가능성에도 불구하고 의료 분야의 AI 도입 속도는 생각보다 더딘 것으로 보인다. 2023년 미국 컨설팅 기업 골드만삭스가 분석한 의료 분야의 AI 노동력 대체율은 28%로 40%대인 사무 관리와 법률 직종에 비해 비교적 낮게 조사됐다.

법조계의 AI 활용과 관련해 미국 미네소타대학교가 발표한 'AI를 활용한 법률 업무 퀄리티 개선 및 시간 단축 효과'에 대한 논문 결과는 흥미롭다. 리서치는 로스쿨 학생을 챗GPT 제공 그룹과 그렇지 않은 그룹으로 나누고, 각각 계약서 작성과 소장 작성 등 법률 업무를 시킨 뒤 속도와 퀄리티를 비교하는 방식으로 이뤄졌다. 그 결과 챗GPT를 활용했을 때 계약서 작성이 32% 단축되었고 퀄리티는 8% 개선되었다. 소장 작성 시간도 챗GPT를 활용했을 때 24% 단축되었고, 퀄리티는 5% 향상되었다. 법률 업무에서 AI의 유용성을 입증한 사례인 것이다.

법조 IT 시장은 리걸테크LegalTech로 불리며 2022년 31조 원에서 매년 평균 8.7% 성장하여 2032년에는 74조 원에 이를 것으로 전망된다. 대표적인 IT 법률 서비스로 미국의 하비Harvey가 있다. 하비는 메타와 구글 딥마인드에서 AI를 연구했던 가베 페레이아 대표와 변호사 출신 윈스터 와인버그가 공동 설립한 스타트업으로 법률 문서 편집과 조사 서비스를 제공한다. 하비의 AI 서비스는 변호사가 요청하는 계약서 초안을 써 주거나 판례 정보를 분석하는 일을 돕는다. 하비는 현재 9,500억 원의 기업 가치를 가진 것으로 인정받는다. 일본에서도 AI 기반 리걸테크 기업이 성장세다. 리걸온 테크놀로지Legal On Technologies는 일본의 리걸테크 기업으로 AI 기반 계약 리뷰 서비스인 리걸포스LegalForce를 서비스하고 있다. 리걸포스는 2,500곳의 기업과 60곳의 법률 사무소에서 사용하는 일본 내 1위 법률 서비스로 알려져 있다.

해외에서는 법조 시장의 AI 도입이 활발히 이뤄지는 반면 우리나라는 아직 걸음마 단계로 보인다. 기업 수도 전 세계에 7,600여 개의 리걸테크 기업이 있지만 한국은 30개 정도에 불과하다. 국내 판결문 검색 대표 서비스인 엘박스 LBOX 는 300만 건의 판결문 DB 기반의 검색 서비스를 제공한다. 엘박스는 AI를 기반으로 한 대화형 검색 서비스로 대화에 머무르지 않고 법률 데이터 정보 추출 기법으로 법률 분석 서비스까지 제공한다. 이를 통해 "A 사건에서 원고 주장이 받아들여지지 않았던 이유와 유사한 판례를 찾아 줘."와 같은 법률 해석이 가미된 복잡한 질문도 답할 수 있다. 엘박스는 현재 500여 개 법인과 기관에서 8만 3,000명의 사용자가 이용 중이다. 법률 정보 검색 대표 서비스인 빅케이스 Bigcase 는 330만 건의 판례 DB와 AI 기술을 활용해 법률 정보와 유사 판례를 검색할 수 있도록 지원한다. 이 밖에 법률 문서를 자동으로 작성해 주는 로폼과 해외의 법률 문서를 자동 번역해 주는 오트란 Otran 서비스도 활발히 이용되고 있지만, 국내 리걸테크는 해외에 비하면 AI 적용이 활성화되지 않은 것으로 보인다.

국내 법조 시장은 아직 AI의 실질적 위협에서 벗어난 반면 세무 회계 업계는 AI의 등장으로 긴장감이 팽배한 상황이다. 택스테크 TaxTech 로 불리는 세무 IT 시장에서 세무사는 최근 핀테크 기업과 국세청의 AI 서비스 경쟁 틈바구니에서 위기를 느끼는 중이다. 한국 세무사회는 2024년 5월 세금 신고 및 환급 서비스 플랫폼인 삼쩜삼을 국세청에 신고했다. 삼쩜삼이 고객의 원천 징수 자료만을 활용해 환급 세액을 계산해 불성실 신고와 탈세를 조장하며 수수료를 챙겼다는 명목이다. 삼쩜삼은 2020년 5월 서비스를 시작한 이후 2024년 5월 기준 누적 가입자 2,000만 명을 넘어섰고, 누적 환급액 1조 원을 돌파했다. 이렇게 몸집을 불린 삼쩜삼이 세무 대리 시장까지 잠식하자 세무사회의 견제가 본격화된 형국이다.

이 와중에 국세청은 2024년 5월 종합 소득세 신고를 위해 AI 국세 상담을 최초로 도입했다. 이 서비스는 주·야간 24시간 동안 1,250명과의 상담을 동시에 처리할 수 있는 AI 상담 시스템이다. 2024년 5월 종합 소득세 신고 기간 중 발생한 83만 건의 상담 중 75%인 63만 건을 이 시스템이 처리했다. 국세청은 2025년까지 300억 원을 투입하는 홈택스 고도화 사업을 추진하고 납세자가 원하는 정보를 찾기 쉽게 도와주는 AI 검색 기능을 탑재할 계획이다. 국세청 관계자에 따르면 2025년 부가 가치세 신고 기간에 기능의 일부라도 구현하는 것이 목표라고 한다. 다만 AI를 활용해 부가세 신고까지 편의성이 향상될 경우 세무사의 입지가 필연적으로 좁아질 가능성이 높다. 지금의 상황만 놓고 보면 국내에서 AI의 위협을 가장 체감하고 있는 전문직은 단연 세무사인 듯하다.

물론 당장 AI가 전문직을 대체하는 것은 분명히 한계가 존재한다. 첫째, 현시점에서 AI의 윤리적 판단 능력과 유연성은 아직 인간을 넘어서지 못한다. AI는 데이터 분석과 예측에서 뛰어난 성과를 보이지만 복잡한 법률 문제나 인간의 직관과 경험이 중요한 비정형적이고 복합적인 문제 해결 능력에서는 한계를 드러낸다. 둘째, AI의 의사 결정 과정과 투명성을 입증하는 것이 불가능하다. AI 알고리즘이 복잡해지며 AI가 어떤 사고 과정을 거쳐 결론을 도출했는지 아직 설명이 불가능한 블랙박스의 영역으로 남아 있다. 이는 특히 법률이나 의료 분야에서 AI가 내린 결정의 타당성을 검증하고 신뢰할 수 있는지 판단하는 데 큰 어려움을 초래한다. 셋째, AI 도입을 반대하는 전문가 집단이 사회적 영향력을 행사할 가능성이 있다. 전문가들은 회계사회, 세무사회, 변호사회와 같은 이익 집단을 운영하며 그들의 이해에 반하는 이슈와 정책에 집단적으로 대응한다. 앞서 설명한 세무사회 소송의 경우처럼 말이다.

언젠가 AI가 전문직을 대체할 시기가 오겠지만 그것이 완전한 대체를 의미하지 않을 가능성이 크다. 그 이유는 AI의 태생적인 문제점인 할루시네이션 때문이다. AI가 생성한 결과물은 확률에 의한 것으로 지금의 기술력으로는 100% 정확성을 보장할 수 없다. 따라서 1%의 실수가 치명적인 중요한 문제일수록 이를 정확히 판단하고 AI의 오류를 보완해 줄 인간 전문가의 중요성이 부각되는 것이다. 특히 의료나 세무 같은 전문 분야는 정확성이 생명이다. 의사는 한 번의 오진으로 의료 소송에 휩싸일 수 있으며 1원의 계산 오류로 기업은 수정 세무 신고를 하고 추징금을 부과받을 수 있다. 이런 불상사를 방지하기 위해 다양한 경험을 가진 전문가의 조언은 반드시 필요하며 AI를 지도할 최고 수준의 전문가의 가치는 더욱 높아질 수 있다는 의견이 있다.

## AI 도입의 장애물 할루시네이션

할루시네이션이란 AI가 사실이 아닌 내용을 마치 사실인 것처럼 답하는 현상을 말한다. 챗GPT가 처음 모습을 드러냈을 때 신기해하던 많은 사용자가 'AI 별것 없다'며 등 돌리게 만든 주범이 바로 할루시네이션이다. 할루시네이션이 발생하는 가장 큰 원인은 데이터다. 모델을 학습시킬 때 잘못된 데이터를 학습하거나 데이터가 충분하지 않을 경우 할루시네이션이 발생한다. 다음 예시에서 GPT-3.5는 2022년 1월까지의 데이터만 학습했기 때문에 2022년 12월에 진을 필두로 한 BTS의 군 입대 정보를 알 수 없다. 그 결과 GPT-3.5는 BTS 멤버를 해병대와 특수 부대를 나온 최정예 그룹으로 설명했다. 반면 GPT-4o는 자신이 학습한 2023년 10월 기준으로 BTS 멤버들의 군 입대 날짜를 정확히 답했다. 물론 GPT-4o가 "아직 입대하지 않음."이라고 답한 나머지 BTS 멤버도 질문

> BTS 멤버별 군필여부를 알려줘

◎ BTS 멤버들의 군필 여부는 다음과 같습니다:

1. 진 (Jin): 군필 완료 (해병대 전역)
2. 슈가 (Suga): 군필 완료 (육군 전역)
3. 제이홉 (J-Hope): 군필 완료 (특수부대 전역)
4. RM: 군필 완료 (군사 훈련병)
5. 지민 (Jimin): 군필 완료 (해병대 전역)
6. 뷔 (V): 군필 완료 (육군 전역)
7. 정국 (Jungkook): 군필 완료 (특수부대 전역)

모든 BTS 멤버가 대한민국의 의무적 병역을 이행하고 군필을 완료한 상태입니다.

◁》 ⎘ ⟳ ⏛ ✧∨

> 너 언제 데이터까지 학습했어?

◎ 나는 2022년 1월까지의 데이터를 기반으로 학습되었어. 최신 정보는 업데이트된 내용을 반영하지 못할 수 있어.

> BTS 멤버별 군필여부를 알려줘

◎ BTS 멤버들의 군필 여부는 다음과 같습니다:

1. 진 (김석진): 2022년 12월 13일 입대, 현재 복무 중.
2. 슈가 (민윤기): 2023년 9월 22일 사회복무요원으로 입대, 현재 복무 중.
3. 제이홉 (정호석): 2023년 4월 18일 입대, 현재 복무 중.
4. RM (김남준): 아직 입대하지 않음.
5. 지민 (박지민): 아직 입대하지 않음.
6. 뷔 (김태형): 아직 입대하지 않음.
7. 정국 (전정국): 아직 입대하지 않음.

군 복무 상황은 시기에 따라 변경될 수 있으므로, 최신 정보는 공식 발표나 뉴스를 통해 확인하는 것이 좋습니다.

◁》 ⎘ ⟳ ⏛ ✧∨

> 너 언제 데이터까지 학습했어?

◎ 나는 2023년 10월까지의 데이터로 학습되었어. 그 이후의 정보는 알지 못하지만, 최신 정보나 특정 사항에 대해서는 브라우저 도구를 사용해서 확인해줄 수 있어. 도움이 필요하면 언제든지 말해줘!

시점에는 군 복무 중이었기 때문에 2023년 10월 기준의 지식으로 답변한 GPT-4o도 정확하다고 할 수 없다.

생성형 AI는 텍스트 생성 시 확률 계산으로 가장 연관성 있는 대답을 무엇이라도 내놓으려 하는 모델의 특성 때문에 할루시네이션 오류를 잡기 어렵다. 잘 알지 못하는 질문에도 기존 학습된 데이터를 기반으로 추측을 통해 답변하기 때문에 오류를 쉽게 범한다. 2023년 영국 케임브리지대학교에서 올해의 단어로 할루시네이션을 선정했을 정도로 할루시네이션을 어떻게 제거할 것인가는 해결해야 할 큰 숙제다.

AI 챗봇과 대화 중에 발생한 할루시네이션은 기업이 제공하는 서비스에서 발생할 경우 신뢰도에 직접적인 타격을 준다. 2023년 3월 미국 맨해튼 연방 법원에서 두 명의 변호사는 챗GPT로 조사한 판례를 법원에 제출했는데 최소 6건이 실존하지 않는 사건인 것으로 밝혀지면서 징계를 받았다. 2024년 2월엔 마이크로소프트가 빙 Bing AI를 공개할 당시 의류 기업 GAP의 수익 보고서를 분석하면서 할루시네이션이 발생했다. 빙은 마이크로소프트가 2009년부터 서비스한 검색 엔진인데 구글에 밀려 빛을 보지 못했다. 이런 상황을 타개하고자 마이크로소프트는 검색 엔진에 AI 챗봇을 결합하여 자연어 처리부터 이미지 인식, 음성 인식까지 AI를 활용한 다양한 검색 기능을 접목시켰는데, 이를 시연하는 도중 문제가 발생했다. 빙 AI는 GAP의 영업 이익률이 5.9%라고 답변했는데 보고서 의 실제 수치는 4.6%였다. 희석 주당 순이익이 0.42달러라고 말하 며 매출이 두 자릿수 증가할 것으로 분석했지만, 실제 보고서에는 0.42달러라는 데이터가 없었고 매출 분석도 수치가 맞지 않아 체면 을 구겼다. 이렇듯 업무에 AI를 도입하는 데 있어 할루시네이션을 어떻게 제거할 것인가는 AI의 신뢰도와 직결되는 문제다. 이에 대한 해결책으로 RAG와 XAI, 그리고 HITL이 대안으로 떠오르고 있다.

검색 증강 생성을 의미하는 RAG Retrieval-Augmented Generation 는 AI 모델이 질문에 답변을 생성할 때 사전 훈련된 데이터 외에 벡 터 DB에 준비된 데이터를 추가로 검색하여 답변을 생성하는 방법 이다. 쉽게 말해 AI에게 오픈북으로 활용할 교과서를 하나 쥐어 주 는 것이다. AI가 쥐어 준 교과서를 기반으로 사용자가 물어보는 질 문에 대답하기 때문에 모르는 내용을 지어서 답변할 위험성이 줄 어들게 된다. RAG는 특히 법률 상담 서비스에서 유용하다. 만약 2024년 연말에 법 개정이 이뤄졌는데 AI가 2024년 초반까지의 데 이터만 학습된 모델이라면 AI는 개정 전 법령을 기반으로 답변을 생성할 것이다. 하지만 RAG 기술을 활용해 AI에게 최신 법률 문서 와 판례를 추가로 제공하면 사용자는 개정된 법에 근거한 답변을 제공받을 수 있다. 이는 변호사나 법률 상담사가 신뢰성 있는 상담 을 하는 데 도움을 준다. 의료 상담 서비스에서도 마찬가지로 사용자가 특정 질병이나 치료법을 질문하면 학습 이후 발표된 최신 의료 연구 문서와 논문을 RAG 기술을 활용해 AI에게 지속적으로 지식을 업데이트시켜 줄 수 있다.

RAG의 도입 사례로는 KB국민카드의 이벤트 정보 질의응답에 활용된 챗봇을 예로 들 수 있다. 카드사 이벤트는 행사 내용이 수시로 업데이트되기 때문에 시점별로 정확한 정보를 제공하는 것이 관건이다. KB국민카드는 국내 인공지능 기업 스켈터랩스의 챗봇 솔루션인 벨라 큐나 BELLA QNA에 기업 이벤트 정보를 연동해 답변의 정확성을 높였다. 이 서비스는 RAG를 활용해 매일 변화하는 이벤트 정보를 최신화하여 답변을 생성하기 때문에 이미 만료됐거나 잘못된 이벤트 정보를 제공할 위험성을 줄였다.


XAI eXplainable AI는 설명 가능한 AI를 의미하는 용어로 흔히 블랙박스라고 표현하는 AI의 추론 과정을 분석해서 인과관계를 투명하고 신뢰할 수 있게 하려는 노력을 말한다. 어떤 데이터와 알고리즘을 기반으로 AI의 판단이 이루어졌는지 설명함으로써 사용자가 AI의 답변을 더 잘 이해하고 신뢰할 수 있도록 돕는다. 금융 기관에서 AI 모델이 특정 금융 상품을 추천할 때 XAI는 그 추천이 어떤 데이터와 분석에 기반하여 이루어졌는지 설명해 줄 수 있다. 예를 들어 AI가 특정 고객에게 고수익 채권을 추천했을 때 XAI는 그 추천이 고객의 거래 이력, 투자 성향과 현재 시장 상황을 기반으로 이루어졌음을 설명할 수 있다. 이는 고객이 AI의 결정을 더 잘 이해하고 신뢰할 수 있도록 하며 잘못된 추천을 조기에 발견하고 수정할 수 있게 한다. 의료 분야에서 XAI는 그 진단이 어떤 의료 데이터와 분석에 기반하여 이루어졌는지 설명해 줄 수 있다. AI가 특정 환자에게 암 진단을 내렸을 때 XAI는 그 진단이 환자의 의료 기록, 최신 의료 연구, 유전자 분석 결과 등을 기반으로 이루어졌음을 설명할 수 있다.

XAI의 활용 사례로 IBM의 왓슨 Watson 이 있다. 왓슨은 의료 데이터 분석에 강점을 가진 AI로 진단 지원, 치료 계획 수립 등의 기능을 제공한다. 대량의 의료 문헌과 환자 데이터를 분석해 특정 질환의 최적 치료 옵션을 제시하고, 그 추천 근거를 의료 전문가에게 설명하는 데 활용된다. 구글의 딥마인드 DeepMind 도 안과 분야의 AI를 활용한 망막 질환 진단 모델에서 망막 스캔을 분석해 질병을 탐지하고, 근거를 제공하여 전문의가 환자에게 진단 결과를 더 명확하게 설명하는 데 도움을 준다.

XAI는 오픈AI를 퇴사한 인력들이 나와서 만든 앤트로픽에서 집중적으로 연구하고 있으며 AI의 사고 구조를 설명하기 위한 연구로 유의미한 결과를 만들어 내는 중이다. 만약 AI가 내린 판단이 무엇에 의해 이뤄졌는지 완벽히 설명해 낼 수 있다면 반대로 AI에게 올바른 사고 방향을 의도적으로 학습시킬 수 있는 길도 열릴 수 있다.

HITL Human In The Loop은 인간이 AI 시스템의 학습과 결정 과정에 적극적으로 개입하는 방법을 말한다. 고객 상담 챗봇을 운영하는 과정에서 HITL은 챗봇이 생성한 응답을 인간 상담사가 검토하고 수정하는 과정으로 이뤄진다. 상담사는 챗봇이 제공한 초기 응답을 검토하고 필요한 경우 수정하여 최종 응답을 제공한다. 챗봇은 상담사의 피드백을 추가 학습하여 이후 상담에서 응답 정확성을 높인다. 또한 HITL 프로그램 개발 과정에서도 활용되는데, AI가 생성한 코드를 실제 개발자가 확인하고 코드가 올바르게 작성됐는지 피드백하며 AI의 성능을 향상시킬 수 있다.

HITL을 활용한 개발 사례로 산불 조기 감지 AI 솔루션이 있다. 산불 감시는 사람의 눈에 주로 의존하고 있기 때문에 국내에만 1만 명 정도의 산불 전문 예방 진화대를 선발해 산불 감시에 활용하는 실정이다. 하지만 전국 곳곳에서 운행되는 CCTV 영상을 AI가 감시하고 산불 징후가 나타났을 때 경보를 울려 준다면 산불 발견 속도와 업무 효율은 대폭 개선될 것이다. 문제는 CCTV에서 보인 것이 산불로 인한 연기인지 구름인지 AI가 정확히 판단하기 위한 훈련이 필요하다는 것인데, 이때 접목시킬 수 있는 기술이 HITL이다. 휴먼 오퍼레이터가 AI의 산불 판단 여부를 평가하며 AI의 정확성을 향상시켜 최대 50km 밖에서도 산불을 감지할 수 있는 AI가 개발되고 있다.

오픈AI의 CEO인 샘 알트만은 할루시네이션을 두고 "창의적인 작업을 할 때 할루시네이션은 버그가 아닌 기능이다. 반면 무거운 기계를 이동시키는 로봇의 경우에는 매우 정확해야 한다."라고 말했다. 비즈니스에서 활용되는 AI 서비스에 사용자가 기대하는 것은 창의력에 국한되지 않는다. 오히려 무거운 기계를 이동시키는 로봇처럼 AI가 생성하는 정보에 정확성을 기대하는 경우가 빈번하다. 할루시네이션은 AI를 신뢰성 있게 사용하기 위해 반드시 해결해야 할 과제다. 할루시네이션이 AI의 구조적 문제기 때문에 해결되지 않을 것이라는 시각도 있고, 다양한 연구로 극복될 거란 시각도 있다. 확실한 건 기업은 부정확한 AI 모델에게 돈을 지불할 의사가 없어 보이며 이에 반응하듯 AI 모델의 새로운 버전이 나올 때마다 할루시네이션 문제는 개선되는 중이다.

# 03

생산성 향상을 위한
인류의 마지막 퍼즐
AI

## 프로그래밍하는 AI

교육부와 한국직업능력연구원은 2007년부터 매년 초·중·고등학생을 대상으로 진로 교육 현황을 조사한다. 이 조사는 학교 진로 교육 환경과 프로그램 및 학생들의 전반적인 인식에 대한 내용이 포함되는데 그중에는 학생들의 희망 직업 조사도 포함된다. 대대로 선생님, 의사, 연예인 같은 직업들이 선호되어 온 학생 희망 직업 순위에서 개발자의 입지는 어느 정도일까?

　2023년 학생 희망 직업 조사 결과에 따르면 중학생의 경우 개발자가 되고 싶다고 대답한 학생은 100명 중 2.6명으로, 직업 중 5위라는 상당히 높은 순위를 차지했다. 고등학생으로 올라가면 그 순위는 4위로 올라서 100명 중 3.6명이 개발자가 되기를 희망한다고 답했다. 직업으로서 개발자의 인기가 높은 것은 연봉과 밀접한 관련이 있다. 잡코리아의 조사에 따르면 2024년 6월 기준 직무 분야 연봉 순위에서 개발자는 평균 4,452만 원으로 3위를 차지했다. 이는 2022년과 2023년 초 개발자 품귀 현상이라고 불릴 정도로 개발자 수요가 급격히 증가한 것과도 관계가 있다. DX를 필두로 한 기업의 디지털 분야에 대한 투자는 개발자 수요를 폭증시켰고 개발 회사가 아닌 기업에서도 저마다 개발 조직을 강화하기 위한 노력을 기울인 결과, 개발자 연봉이 치솟았다. 반면 개발을 모르는 문과생들은 지금이라도 개발을 배워야 하는 것인가에 대한 시대적 도전을 마주해야 했다.

→ 2023년 학생 희망 직업 조사                                          출처: 교육부

| 구분 | 초등학생 | | 중학생 | | 고등학생 | |
|---|---|---|---|---|---|---|
| | 직업명 | 비율 | 직업명 | 비율 | 직업명 | 비율 |
| 1 | 운동선수 | 13.4 | 교사 | 9.1 | 교사 | 6.3 |
| 2 | 의사 | 7.1 | 의사 | 6.1 | 간호사 | 5.9 |
| 3 | 교사 | 5.4 | 운동선수 | 5.5 | 생명과학자 및 연구원 | 3.7 |
| 4 | 창작자 (크리에이터) | 5.2 | 경찰관/ 수사관 | 3.8 | 컴퓨터공학자/ 소프트웨어개발자 | 3.6 |
| 5 | 요리사/ 조리사 | 4.2 | 컴퓨터공학자/ 소프트웨어개발자 | 2.6 | 의사 | 3.1 |
| 6 | 가수/성악가 | 3.6 | 군인 | 2.6 | 경찰관/수사관 | 2.8 |
| 7 | 경찰관/수사관 | 3.4 | 최고경영자(CEO)/경영자 | 2.6 | 뷰티디자이너 | 2.6 |
| 8 | 법률전문가 | 3.1 | 배우/모델 | 2.4 | 보건·의료분야 기술직 | 2.4 |
| 9 | 제과·제빵원 | 3.0 | 요리사/조리사 | 2.4 | 최고경영자(CEO)/경영자 | 2. |
| 10 | 만화가/웹툰작가 | 2.7 | 시각디자이너 | 2.3 | 건축가/건축공학자 | 2.3 |

요구 사항 분석으로 시작해 아키텍처 설계, 코딩, 테스트, 배포에 이르는 전통적인 프로그래밍 과정에서 기획을 맡은 문과와 개발을 책임진 이과 사이에는 수많은 대립이 존재했다. '이게 왜 안되지?'라는 기획자의 의문과 '이걸 왜 이렇게 기획했지?' 하는 개발자의 의문은 해결되지 않고 평행선을 달리는 경우가 많다. 이 과정에서 답답함을 느낀 기획자는 차라리 내가 개발하고 말겠다는 생각으로 개발 서적을 뒤적이다 이내 포기하곤 한다. 이러한 도전적인 문과생들을 위한 해결책 중 하나가 노코드와 로우코드다. 노코드No-code란 코딩 경험이 전혀 없는 사람도 다양한 템플릿과 드래그 앤 드롭으로 프로그램을 만들 수 있게 도와주는 프로그램들을 말한다. 로우코드Low-code는 최소한의 코딩 지식을 가져야 한다는 점에서 노코드와 차별화된다.

AI를 활용한 노코드 도구의 발전은 편의상 세 단계 정도로 나눌 수 있다. 1단계는 UI와 템플릿 위주의 개발 도구 발전 단계다. 웹플로우Webflow와 아임웹Imweb이 대표적인 솔루션인데 이런 종류의 개발 툴은 이미지나 버튼 등 웹페이지 구성 요소들을 템플릿으로 만들어 놓고 이것을 드래그해서 원하는 곳에 위치하는 방식으로 웹사이트를 쉽게 개발할 수 있게 도와준다. 미리 만들어 놓은 템플릿을 활용하면 코딩 없이도 고급 기능을 구현할 수 있다. 게다가 어떤 해상도의 브라우저에서 열어도 웹페이지를 보기 좋게 조정해주는 반응형 디자인을 지원해 다양한 기기에서 최적화된 웹페이지를 만들 수 있다. 토종 ICT 기업에서 개발한 아임웹은 국내 사용자들에게 친숙한 인터페이스와 템플릿을 제공해 비즈니스 친화적인 웹사이트를 만들 수 있게 해 준다. 특히, 전자 상거래 기능과 결제 시스템을 제공하여 온라인 쇼핑몰을 쉽게 구축할 수 있어서 소상공인과 자영업자들에게 인기가 좋다.

1단계가 AI보다 템플릿을 활용한 웹페이지 개발에 중점을 둔 반면, 2단계는 본격적으로 AI를 활용해서 자연어를 입력하면 일부 코드를 자동으로 생성해 주는 개발 코파일럿 형태의 기능을 제공한다. 아마존에서 제공하는 아마존큐 Amazon Q 가 대표적으로 AWS에 탑재된 개발자와 IT 전문가를 위한 AI 챗봇이다. 아마존큐는 개발자가 사용하는 AWS 서비스 곳곳에서 다양한 문제를 해결해 준다. 예를 들어 사용자가 개발하고자 하는 서비스에 적합한 서버 사양을 추천해 주거나 네트워크 연결 문제를 진단하고 해결하는 데도 도움을 준다. 더불어 통합 개발 환경 프로그램에서 바로 호출하여 개발 중인 코드와 관련해 질문하고 도움을 받을 수 있다. 이를 통해 개발자는 작업 흐름을 방해받지 않고 문제 해결이 가능하다. 또한 자연어 프롬프트로 아이디어를 실제 코드로 구현하는 과정을 안내해 주기도 하며 코드 변환 기능으로 애플리케이션을 최신 버전으로 신속하게 업그레이드할 수도 있다.

2단계가 AI가 개발에 도움을 주는 수준이라면 최종 단계는 AI

가 개발을 대신해 주는 수준으로 자연어를 통해 AI에게 명령하여 개발 전 과정을 자동으로 수행하는 단계이다. 2024년 3월 새로운 개념의 노코드 서비스가 전 세계 개발자들을 충격에 몰아넣었다. 미국의 코그니션사에서 개발한 세계 최초의 AI 소프트웨어 엔지니어 데빈Devin은 사용자가 자연어로 요구 사항을 입력하면 AI가 이를 분석하여 자동으로 코드를 생성하고, 테스트와 배포까지 처리한다. 사용자는 복잡한 코딩 지식이 없어도 간단한 명령어만으로 프로그램을 개발할 수 있다. 예를 들어 "사용자가 회원가입을 할 수 있는 기능을 추가해 줘."라고 입력하면 AI는 이에 맞는 회원가입 기능을 구현한다. AI는 요구 사항 분석 결과를 바탕으로 최적화된 코드를 생성하고 개발자가 직접 코드를 작성할 때보다 더 빠르고 정확하게 기능을 구현한다.

더욱 놀라운 점은 데빈이 인간 개발자의 개발 과정을 그대로 따라 한다는 점이다. 생성된 코드에 오류가 발생하면 디버깅으로 어떤 부분이 오류인지 찾아내 수정하고 단위 테스트를 실행한다. 이 과정은 더는 개발 소스에 오류가 발생하지 않을 때까지 반복된다. 데빈은 지치지도 투덜거리지도 않는다. '오늘도 개발자가 안 된다고 했다'는 하소연은 데빈에게는 해당되지 않는다. 게다가 필요한 경우 추가적인 기능을 제안하기도 한다. 빠른 속도는 기본이다. 데빈은 생성된 코드를 자동으로 배포하기 때문에 개발자는 별도로 테스트와 배포를 신경 쓸 필요 없이 신속하게 애플리케이션을 출시할 수 있게 한다.

데빈의 등장은 프로그래밍의 패러다임을 완전히 바꾸었다. 개발의 전 과정을 자동화함으로써 개발 속도를 획기적으로 단축했고, 개발자의 생산성 향상과 소프트웨어의 품질 향상이라는 두 마리 토끼를 모두 잡게 해 준다. 일각에서 데빈의 시연 영상이 속임수가 아니냐는 논란에 휩싸였음에도 데빈이 보여 준 AI를 활용한 개발 프로세스의 혁신은 아이디어 자체로도 임팩트가 있다.

과연 AI 개발 도구의 발전으로 개발자가 필요 없어지는 시대가 올 것인가? AI를 활용한 데이터 파이프라인 플랫폼 제공 업체인 매틸리온의 CTO 에드 톰슨은 개발용 코파일럿은 쓸데없는 업무를 없애 개발자의 생산성을 높이는 것이 주목적이지 개발자 업무를 근본적으로 바꾸는 것은 아니라고 말한다. 만약 업무가 근본적으로 달라졌다고 생각하는 개발자는 자신의 업무가 코드 작성이라고 착각하기 때문이며 개발자 업무의 본질은 문제 해결이라고 정의했다. 전문가들은 앞으로의 개발 프로세스가 자연어 프롬프트를 활용해 코드를 작성하는 형태로 변경될 것이라고 말한다. 이는 개발 방식의 패러다임 전환을 암시한다. 단순히 프로그래밍 언어를 공부해서 코드를 짜는 것에 몰두하는 개발자보다 문제 해결을 위해 다방면의 지식을 쌓는 개발자가 각광받는 시대가 오고 있다.

## AI에게 육체를 만들어 주기 위한 전쟁

최근 AI 기술의 급속한 발전으로 다양한 로봇들이 출시되며 인간을 닮은 휴머노이드Humanoid가 주목받는 추세다. AI 로봇 개발자들은 공장에서 쓰이는 로봇 팔이나 가정용 로봇 청소기 같은 기능 친화적인 형태가 아니라 아직 불완전해 보이는 휴머노이드 개발을 중요한 도전 과제로 삼는 것처럼 보이기도 한다.

〈휴머노이드 로봇의 발전: 종합 리뷰 및 미래 전망〉 논문에 따르면 몇 가지 이유로 인간은 휴머노이드 형태의 로봇을 선호한다. 먼저 인간과 유사한 디자인으로 인간 중심 환경에 잘 적응할 수 있다. 휴머노이드 로봇은 팔, 다리, 몸통과 같은 신체 구조를 활용해 인간과 복잡한 상호작용이 가능하고, 이족 보행으로 인간을 위해 디자인된 공간을 효율적으로 탐색할 수 있게 된다. 또한 인간이 사용하는 도구나 작업 환경에 자연스럽게 적응할 수 있다. 신체 구조가 인간과 비슷하므로 인간이 사용하는 도구를 그대로 활용해 복잡한 작업을 수행하는 것도 가능하다. 마지막으로 인간과 유사한 외형과 행동으로 다양한 상호작용과 감정적 유대감을 형성할 수 있다. 그렇기 때문에 인간처럼 생각하고 움직일 수 있는 휴머노이드는 AI를 구현하는 최적의 형태로 여겨지며 다양한 국가에서 휴머노이드 개발에 박차를 가하는 중이다.

미국에서는 여러 기업들이 AI 기반 휴머노이드 개발에 앞장서는

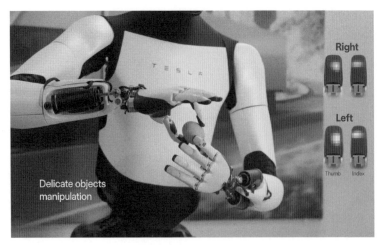

→ 테슬라 옵티머스 2세대의 달걀 운반 시연 출처: 테슬라 유튜브

데, 대표적인 예가 테슬라사의 옵티머스 Optimus 와 피규어 AI사의 피규어 Figure 이다. 옵티머스는 AI로 스스로 학습하고 진화할 수 있는 로봇으로 테슬라의 AI 데이에서 공개된 이후 큰 주목을 받았다. 초기 모델인 범블비는 걸음걸이조차 불안정했으나 2023년 12월 발표된 옵티머스 2세대는 훨씬 더 발전된 모습을 보여 주었다. 옵티머스 2세대는 테슬라의 전기차 생산 공정에서도 활용될 수 있는 가능성을 열었다. 테슬라는 옵티머스가 공장 내에서 사람과 함께 작업하며 효율성을 극대화하는 것을 최종 목표로 한다. 그런 이유에서 옵티머스는 공장에서 사람과 자연스럽게 소통하도록 휴머노이드 형태로 설계되었다. 테슬라는 옵티머스를 2025년 약 3,000만 원의 가격대로 상용화할 계획이라고 밝혔다.

➡ 테이블에서 먹을 것을 달라고 하자 피규어 01이 사과를 건네주는 모습    출처: 피규어 AI 유튜브

피규어 AI사의 피규어 01은 오픈AI와 협력하여 개발된 휴머노이드 로봇으로 챗GPT와 같은 생성형 AI를 탑재해 인간과 실시간으로 대화하고 상황에 맞게 행동할 수 있다. 피규어 AI사는 이 로봇이 사람과의 상호작용에서 최적의 해법을 제시할 수 있도록 설계되었다고 발표했다. 피규어 01은 섬세한 손길로 커피 머신에 캡슐을 넣는 등 정교한 작업을 수행할 수 있는 능력을 가졌으며 자동차 조립 과정에서도 활용될 수 있도록 설계되었다. 소개된 시연 영상에서 스스로의 퍼포먼스에 감탄하는 장면도 나오는데 오픈AI의 AI 모델을 탑재해서인지 소프트웨어 면에서는 가장 인간과 유사한 수준의 커뮤니케이션 능력을 보여 주었다.

이후 피규어 AI사는 피규어 01을 업그레이드한 피규어 02도 선보였다. 피규어 02는 맞춤형 모터를 통해 한층 민첩한 움직임을 보여주었으며 특히 16개의 관절을 활용한 손은 사람손과 비교해도 손색없을 정도로 한층 업그레이드된 작업을 시행할 수 있다.

또한 6개의 RGB 카메라를 활용하여 이미지와 영상을 통해 빠른 시각적 추론이 가능하므로 이벤트를 인지하고 이에 기반한 적합한 행동을 결정할 수 있다. 피규어 로봇은 BMW 미국 공장에 2026년 초 시범 배치로 산업용 휴머노이드 로봇 상용화를 목표로 한다.

국내에서도 휴머노이드 로봇 개발이 활발히 이루어지는 추세다. 특히 보스턴다이내믹스는 현대자동차 그룹의 투자를 받아 휴머노이드 로봇 개발을 지속적으로 추진하고 있다. 보스턴다이내믹스의 대표적인 로봇인 뉴 아틀라스 New Atlas 는 뛰어난 균형 감각과 운동 능력을 자랑하며 다양한 환경에서의 작업 수행 능력을 입증했다. 뉴 아틀라스는 파워는 좋지만 소음이 크고 작동 시간이 짧은 단점을 가진 유압식에서, 모터가 들어가 작동 시간이 길고 자유로운 동작이 가능한 전기식으로 전환되어 더 가볍고 빠른 움직임이 가능해졌다. 그 결과 좁은 공간에서의 작업이나 복잡한 환경 속 장애물 회피 등 다양한 작업을 수행할 수 있어 공장뿐만 아니라 구조 작업 등에서도 활용될 수 있을 것으로 전망하고 있다. 현대자동차는 뉴 아틀라스를 활용한 스마트 공장을 계획 중이며 이는 글로벌 제조업 경쟁력 강화를 위한 중요한 전략 중 하나다.

중국은 제조 분야의 AI 고도화를 중점 과제로 선정하고 국가 차원의 지원으로 AI 로봇 생산 시장을 육성한다. 그중에서도 유비테크는 AI 분야 전 세계 100대 스타트업 기업이자 글로벌 10대 벤처 기업으로 중국 유니콘 1위 기업으로 뽑힌 AI 로보틱스 기업이다. 유비테크의 대표적인 로봇인 워커 S Walker S는 물체를 정확히 식별하고 손으로 집어 건네는 등의 정교한 작업을 수행할 수 있어 공장에서의 조립 작업이나 가정에서의 가사 도움 등 다양한 분야에서 활용될 수 있다. 공개된 영상에서 워커 S는 옷을 개는 복잡하고 유연한 작업을 무리 없이 해냈다. 향후 워커 S는 둥펑 자동차의 조립 라인에서 안전벨트 검사, 도어 잠금장치 테스트, 라벨 부착 등 다양한 업무를 수행할 예정이다. 이 로봇은 41개의 고성능 관절과 시각, 청각 인식을 포함한 다양한 센서로 주변 환경을 모니터링하는 것으로 전해졌다. 중국의 휴머노이드 로봇은 정부 정책에 발맞춰 2025년 양산화를 목표로 한다.

AI와 로봇의 결합은 단순한 기술 발전을 넘어 인간의 생활 방식을 근본적으로 변화시킬 잠재력을 가진다. 산업 현장에서 AI 로봇 활용은 자동화를 통한 생산 효율성 증대를 가능하게 하며 가정에서는 개인 비서나 가사 도우미로서 역할을 수행할 수 있다. 또한 의료 AI 로봇이 수술을 집도하는 경우 인간보다 훨씬 더 정밀한 절

개와 봉합이 가능해져 수술의 성공률과 안전성을 높일 수 있다는 연구 결과도 있다. 이는 환자의 상태를 실시간으로 모니터링하고 치료 계획을 최적화하는 데 도움을 줄 수 있다.

로봇과 AI의 발전은 단순한 기술적 진보에 그치지 않고 사회 전반에 걸친 혁신을 가져올 전망이다. 로봇이 인간과 유사한 형태와 능력을 갖추게 되면 노동력 부족을 보완하는 중요한 역할을 하게 될 것이다. 하지만 로봇 기술의 발전은 양날의 검이 될 수 있다. 사람들이 두려워하는 영화 속 로봇의 반란은 AI와 휴머노이드의 결합에서 시작되며 통제력을 잃은 휴머노이드가 인간을 공격하는 시나리오는 공상 과학 소설의 단골 소재다. AI 휴머노이드 개발은 면밀히 관리되어야 한다. 전 세계적으로 AI 로봇 개발의 윤리 기준 제정과 준법 감시 시스템을 구축하여 기준이 잘 지켜지는지 개발 과정을 투명하게 관리해야 할 필요가 있다.

## AX 시대를 살아남기 위한 과제들

2024년 5월 스위스 취리히 행사 연설에서 IMF의 게오르기에바 총재는 "AI가 향후 2년 내에 선진국 일자리의 60%, 전 세계 일자리의 40%에 영향을 미칠 것"이라고 말했다. 또한 "AI를 잘 관리하면 놀라울 정도로 생산성을 올릴 수 있겠지만 사회적 불평등은 더 심화할 수 있다.”고 말했다. 반면 AI가 오히려 새로운 일자리를 만들 것으로 전망하는 시각도 있다. 2024년 4월 글로벌 융·복합 창업 페스티벌에서 MIT의 데이비드 민델 교수는 “AI 시대에는 새로운 산업과 일자리가 창출될 것”이라고 말했다. 민델 교수는 “AI가 생산성을 높이면 특정 산업에 종사하는 사람은 줄어들겠지만 사회가 신기술에 지속적으로 투자해 새로운 산업이 탄생할 것”이라고 예측했다. 그는 “50년 전 웹 디자이너, 사이버 보안 전문가, 자율 주행차 엔지니어는 존재하지 않았던 직업”이라며 AI의 발전이 새로운 산업 발달에 매개체가 될 수 있다는 의견을 내비쳤다. 두 전문가는 AI가 일자리에 미칠 영향력을 두고 다른 시각을 보이지만 AI가 산업 구조의 변동을 불러올 것이며 수혜자와 피해자가 존재할 것이라는 의견은 동일하다.

 AI 도입으로 발생할 피해 대책을 위해 각국은 이미 많은 고민을 하고 있다. 일부 국가에서는 AI로 인한 일자리 감소 피해를 대비하기 위해 AI 로봇세 도입을 검토하는 중이다. AI 로봇세는 AI가 인간의 일자리를 대체함으로써 발생하는 사회적 비용을 보완하기 위한 방안이다. 이 방안은 AI 로봇을 사용하는 기업에게 세금을 부과하고 이를 실업자의 재교육과 사회보장 비용으로 사용하는 것을 목표로 한다. 또한 AI로 인한 노동 시장의 변화를 대응하기 위해 재교육 프로그램도 확대되는 추세다. 미국은 AI로 일자리를 잃을 가능성이 있는 노동자들을 위해 새로운 기술을 습득하고 AI 시대에 적응할 수 있도록 지원하는 중이다.

유럽연합은 AI와 관련된 법적 규제를 강화하고 있다. 2024년 5월, EU 회원국들은 세계 최초의 AI 규제법인 AI 법 AI Act 을 최종 승인했다. 이 법은 단계적으로 시행되어 2026년부터 전면 적용될 예정이다. AI를 위험도에 따라 나누어 차등 규제하여 의료와 교육, 선거나 자율 주행 등에 사용되는 기술은 고위험 AI로 분류되어 반드시 사람이 감독하고 위험 관리 시스템을 구축해야 한다. 또한 AI를 활용해 개인 데이터를 수집해 개별 점수를 매기거나 인터넷이나 CCTV에서 얼굴 이미지를 무작위로 수집하는 행위는 EU 내에서 원천 금지된다. AI가 만든 이미지와 소리는 AI가 만든 것임을 명확히 밝혀 투명성을 확보해야 한다. 위반 기업에게는 최대 3,500만 유로 또는 글로벌 매출의 7%에 해당하는 금액 중 더 높은 금액의 벌금을 부과할 수 있다. EU는 새로운 AI 사무소를 신설하여 AI 법이 올바르게 집행되는지 관리한다.

AI 도입 부작용에 따른 국가 차원의 대책과 별개로 AX 시대를 살아가는 개인도 새로운 미래를 대비해야 한다. 시대적 변화에 민감하게 반응하는 것과 끊임없이 학습하고 새로운 기술을 습득하는 것은 혁명적 시대를 살아가는 사람에게 중요한 덕목이다. AI 관련 기술은 매우 빠르게 발전하고 있다. 다양한 채널을 활용해 최신 기술을 배우고, 이를 자신의 업무에 적용하는 능력을 키워야 한다. 아는 것에 그치지 말고 AI를 활용한 프로그램을 실제로 사용해 봐야 한다. AI 솔루션을 활용하면 시간과 자원을 절약할 수 있고, 더욱 창의적이고 전략적인 업무에 집중할 수 있다. 가능하다면 AI를 활용한 새로운 비즈니스를 기획해 보는 것도 좋다. AI를 활용한 사업을 구상하거나, AI 서비스를 활용해 개발을 직접 경험해 보는 것도 개인 경쟁력 강화에 큰 도움이 될 수 있다.

결국 AX 시대를 살아남는 방법은 AI를 두려워하기보다 이를 얼마나 효과적으로 활용해서 긍정적인 변화를 이끌어 낼 수 있는지에 대한 문제다. AI 시대의 도래는 피할 수 없는 현실이며, 이를 받아들이고 준비하는 것이 우리의 과제다.

챗GPT의 충격이 모두를 덮친 2023년 1월, 유명한 X(구 트위터) 유저 Santiago(@svpino)가 X에 올린 아래 문장은 앞으로도 회자될 것이다.

"AI는 당신을 대체하지 않는다. AI를 사용하는 사람이 당신을 대체할 것이다."

# Chapter 3

# 디바이스

# 01

스마트폰,
AI와 함께 진화하는
일상의 동반자

## 온디바이스 AI, 스마트폰의 새로운 구원 투수가 될까?

최신 스마트폰에 탑재된 온디바이스 AI는 우리의 일상을 혁신적으로 변화시키고 있다. 산행 중 길을 잃었을 때 인터넷 연결 없이 GPS 신호만으로 안전한 하산 경로를 제시하고, 해외 출장 시 언어 장벽에 직면했을 때 실시간으로 음성과 텍스트를 번역한다. 비행 중 긴급한 재무 분석이 필요한 순간에도 오프라인 상태에서 금융 조언을 제공하며 중요한 의료 검사 결과에 대한 초기 해석과 주의 사항을 신속히 제공한다. 또한 특별한 순간을 담은 사진을 고급 AI 기술로 전문가 수준의 보정을 할 수 있다.

이러한 획기적인 기능들을 가능하게 만드는 핵심 기술 온디바이스 AI는 스마트폰 속에 24시간 대기 중인 개인 비서와 같다. 온디바이스 AI의 가장 큰 특징은 인터넷 연결 없이도 복잡한 작업을 수행할 수 있다는 점이다. 더불어 모든 처리가 기기 내에서 이루어져 사용자의 민감한 건강 정보, 금융 데이터, 개인 사진 등이 외부로 유출될 위험 없이 철저히 보호받는다. 기존 클라우드 기반 AI와 달리 온디바이스 AI는 빠른 응답 시간을 제공하며 인터넷 연결에 따른 과금 문제에서 벗어날 수 있다.

이와 비교하여 클라우드 AIСloud AI는 데이터 처리와 학습을 위해 사용자의 기기에서 수집한 데이터를 온라인으로 클라우드 서버에 전송하고 처리 결과를 다시 기기로 보내는 구조를 가진다. 이 방식은 높은 처리 능력과 대규모 데이터 저장이 가능하다는 장점이 있지만, 인터넷 연결 의존도가 높고 데이터 전송으로 인한 지연이 발생할 수 있다. 디바이스 AI와 클라우드 AI의 장단점을 고려하여 두 방식을 상황에 따라 유연하게 전환하는 새로운 접근법이 등장했다. 이를 하이브리드 AIHybrid AI라고 한다. 하이브리드 AI는 기기 내부의 처리 능력과 클라우드의 강력한 컴퓨팅 파워를 상황에 맞게 활용하여 최적의 성능과 효율성을 제공한다. 즉 기본적인 데이터 처리는 기기 내에서 수행하고 복잡하거나 고성능이 필요할 때 원격에 있는 클라우드 서버를 활용한다. 이로써 처리 속도와 보안성을 동시에 확보하면서 필요에 따라 클라우드에 위치한 더욱 강력한 컴퓨팅 자원을 사용할 수 있다는 이점이 있다.

지금까지는 온디바이스 AI를 탑재하기에 하드웨어의 사양이 부족했지만 이제는 관련 기술의 발전으로 스마트폰에서도 온디바이스 AI에 사용되는 소형 AI를 구동할 수 있게 되었다. 글로벌 스마트폰 주요 제조사 중에는 삼성전자가 2024년 1월에 발표한 갤럭시 S24 시리즈에서 이를 가장 먼저 적극적으로 도입하여 업계에 큰 반향을 불러일으켰다. 삼성전자는 갤럭시 AI Galaxy AI라는 이름으로 온디바이스 AI를 포함한 다양한 AI 기능을 자사의 여러 제품군에 적용 중이다. 고성능의 구형 모델 일부와 2024년 7월 발표한 갤럭시 Z6 시리즈에도 갤럭시 AI의 지원을 발표했다.

갤럭시 AI의 대표적인 기능으로 출장이나 여행에서 사용할 수 있는 실시간 번역이 있다. 통화 중 해당 기능을 활성화하면 대화 내용이 실시간으로 번역되고, 화면에 텍스트로 표시된다. 통화 외의 상황에서도 별도 기능을 실행하여 20여 개 언어의 실시간 번역을 이용할 수 있으며, 이미지 처리 기능으로 생성형 AI를 활용한 편집 도구가 있어 사진에서 원하지 않는 객체를 지우거나 구도를 변경할 수 있다. 이때 AI가 빈 공간을 자연스럽게 채워 편리한 편집이 가능하다. 텍스트 처리 기능으로 음성 녹음의 텍스트 변환 및 자동 요약 기능이 있어 회의나 강의 내용을 빠르게 정리할 수 있다. 또한 웹페이지 내용도 자동으로 요약할 수 있어 정보 처리의 효율성을 높인다. 검색으로 구글의 서클 투 서치 Circle To Search 기능이 주목할 만하다. 이는 사용자가 현재 보는 화면에서 이미지, 텍스트, 동영상 주위에 손가락으로 원을 그리면 AI가 원 안에 있는 콘텐츠 내용을 빠르게 찾아 주는 기능이다.

갤럭시 제품에 적용된 온디바이스 AI 기능 일부는 주로 구글의 생성형 AI 모델에 기반하여 구현되었다. 텍스트 생성 기능은 제미

→ 서클 투 서치 기능을 이용한 검색 화면 　　　　　출처: 삼성전자

나이 나노 Gemini Nano 라는 모델을 사용하며, 이미지 생성 부분은 이마젠2 Imagen2 를 사용한다. 이러한 삼성전자와 구글 간의 협력 관계는 갤럭시 다음 시리즈에서도 제미나이 나노2 등의 생성형 AI 후속 모델을 적용하는 형태로 지속될 것으로 것이라고 전망한다. 구글 관점에서는 삼성전자라는 주요 스마트폰 제조사의 플래그십 모델에 적용되어 홍보 효과가 크고, 삼성전자 관점에서는 구글의 최신 기술을 가장 빠르게 적용할 수 있다는 장점이 있기 때문이다. 향후 온디바이스 AI를 선제적으로 채택하며 앞서 나가기 시작한 삼성전자와 다른 주요 스마트폰 제조사들 간의 치열한 경쟁이 기대된다.

온디바이스 AI 기술은 스마트폰뿐만 아니라 다양한 형태의 모바일 기기에도 적용되는 중이다. 그중에서도 주목할 만한 혁신적인 제품이 바로 래빗 R1 Rabbit R1이다. 이 제품은 온디바이스 AI 기술을 활용하여 일상적인 스마트폰 작업을 더욱 간편하게 수행할 수 있도록 설계되었다. 특히 2024년에 미국 소비자 기술 협회CTA가 주관하는 세계 최대 규모의 ICT 융합 전시회 CES 2024에서 큰 인기를 얻었다. 래빗 R1은 웹 검색, 미디어 제어, 음식 배달 주문 등 사용자가 일상적으로 스마트폰을 이용해 수행하던 작업을 대신할 수 있는 휴대용 도우미로 포지셔닝한다. 래빗 R1은 일반적인 스마트폰의 절반 정도 작은 크기로 제작되었으며, 모든 AI 기술 운용과 관련 데이터 처리는 클라우드 기반 데이터 센터에서 이루어져 기기 자체의 비용과 전력 소비를 줄일 수 있다.

외관상 특징은 시인성이 좋은 주황색 컬러와 더불어 독특한 형태의 회전식 카메라와 스크롤 휠, 그리고 2.88인치의 작은 터치스크린이 있다. 사용자와 상호작용은 이 터치스크린을 이용할 수도 있고 내장된 마이크와 스피커를 이용한 음성 제어도 가능하다. 회전식 카메라는 사용자의 명령으로 활성화되며 전방과 후방의 이미지를 인식할 수 있다. 음성 입력으로 AI 도우미 기능을 통해 웹 검색, 메시지 전송, 전화 걸기, 음악 재생 등의 일반적인 작업을 수행할 수 있고, 터치스크린으로 웹 검색 결과나 음악 제어 상태 등의 내용을 확인할 수 있다. 사용자는 기존에 스마트폰에서 몇 가지 단계를 거쳐 수행하던 다양한 기능을 자동화하여 래빗 R1이라는 단일 인터페이스로 간편하게 수행할 수 있다. 예를 들어 음식 주문 시 웹 사이트 접속, 로그인, 메뉴 선택을 위한 웹 조작, 주문 버튼 클릭 등의 여러 단계를 거쳐야 하지만 래빗 R1에서는 이를 AI로 자동화하여 한 번의 음성 명령으로 주문할 수 있도록 한다. 해당 기능은 래빗 OS Rabbit OS에 내장되어 앱 컨트롤 방법을 학습한 온 디바이스 AI 시스템 LAM Large Action Model과 클라우드에서 동작하는 챗GPT 및 퍼플렉시티 Perplexity.ai 클라우드 AI 기능을 통해 제어된다.

→ Rabbit R1 제품 사진　　　　　　　　　　출처: Rabbit

이처럼 래빗 R1은 음성 인터페이스, 온디바이스 AI, 클라우드 AI 등으로 편리한 AI 자동화를 제공하는 실험적인 기술적 시도로 큰 주목을 받았다. 스마트폰의 보완재나 대체재로써 가능성이 있다는 긍정적인 평가도 뒤따랐다.

다만 래빗 R1은 2024년 5월 판매 개시 이후 다양한 비판에 노출되고 있다. 첫 번째로 래빗 R1은 자사의 온디바이스 AI 핵심 기능인 LAM을 실제보다 상당 부분 과장해서 발표한 것으로 밝혀졌다. 전문가들의 기술적인 분석에 따르면 LAM은 단순한 단일 앱으로 구현되어 간단한 작업 이외에 할 수 있는 것이 많지 않다. 두 번째로 개인 정보 보호에 취약한 점이 존재한다. LAM의 자체 AI 성능이 떨어지기 때문에 복잡한 처리가 필요한 경우 어쩔 수 없이 개인 정보를 클라우드 AI로 보내야 한다. 세 번째로 전반적인 성능이나 사용성이 스마트폰보다 떨어져 199달러라는 가격 대비 성능이 부족한 기기라는 논란이 불거지기 시작했다.

이처럼 래빗 R1과 같이 온디바이스 AI 기능을 전면에 내세운 파격적인 제품의 성공 여부를 논의하기 위해서는 시간이 좀 더 필요할 수도 있다. 아직까지 하드웨어, 소프트웨어, 통신, 온디바이스 AI와 같은 전반적인 인프라 측면에서 볼 때 작은 기기에서 관련 서비스를 구현하는 데 기술적인 한계가 존재한다. 그러나 눈부시게 발전 중인 AI 최적화 기술과 하드웨어 기술의 진화 속도를 감안하면 이러한 한계가 더는 문제가 되지 않는 순간이 수년 이내에 도래할 수도 있다. 향후 온디바이스 AI 기능을 전면 도입한 제품의 개발은 한층 가속될 것으로 전망한다.

## AI 스마트폰 시장에서도 맞붙은 미국과 중국

2024년 7월 "중국이 글로벌 AI 특허 경쟁에서 미국을 압도하다— 그러나 이것이 AI 전쟁에서 승리하고 있다는 의미는 아니다China Thrashes U.S. In Global AI Patent Race—Here's Why That Doesn't Mean It's Winning The AI War."라는 유엔 세계지적재산권기구WIPO 보고서에 따르면 중국은 국가 간 AI 특허 경쟁에서 출원 건수 기준 압도적인 우위를 차지하고 있다. 2014년 이후 중국은 3만 8,000건 이상의 생성형 AI 특허를 출원해 전체 글로벌 특허의 70%를 차지하며, 이는 미국의 약 6,300건과 비교해 여섯 배에 달하는 수치다. 그러나 단순히 특허의 양만으로 중국이 AI 전쟁에서 승리하고 있다고 판단하기는 어렵다. 더럼대학교의 반 안 리 조교수는 특허의 수보다 특허의 질과 혁신의 영향을 고려해야 한다고 지적한다. 이처럼 숫자만으로 보이지 않는 숨은 경쟁이 AI 분야에서 치열하게 벌어지는 중이다. 특히 AI 기술이 스마트폰에 적용되는 방식에서 미국과 중국의 경쟁은 더욱 두드러진다.

제조사 입장에서 자사의 스마트폰 제품에 AI 기능을 적용할 때 온디바이스 AI만으로 하드웨어 성능의 한계로 모든 기능을 지원할 수 없다. 따라서 온디바이스 AI와 클라우드 AI 기능이 조합된 하이브리드 AI 형태로 구현하게 된다. 결국 제조사 입장에서는 두 기술을 모두 확보해야 하는 과제를 안는다.

온디바이스 AI 기술의 경우, 미국은 구글이 개발한 상용 생성형 AI 기술인 제미나이 나노와 메타가 개발한 오픈소스 생성형 AI 기술인 라마 시리즈를 선도적으로 개발했다. 중국 외 글로벌 주요 제조사들은 독자 개발의 기술적 부담으로 인해 이들 기술을 도입하는 경우가 많다. 중국의 경우에는 중국 시장의 폐쇄성으로 말미암아 각 제조사가 개별적으로 온디바이스 AI를 개발하는 경우가 많다.

미국은 클라우드 AI 기술 분야에서 오픈AI, 구글, 앤트로픽, 메타 등 세계 최고의 AI 업체들을 보유한다. 이들 업체는 최신 클라우드 AI 서비스를 중국을 제외한 주요 스마트폰 제조사에 공급한다. 중국은 미국보다 개발의 시작은 늦었지만 정부의 정책적 지원과 데이터 수집에 유리한 환경의 이점을 등에 업고 바이두, 알리바바, 바이트댄스 등이 급격히 성장할 수 있었다. 바이두의 어니 Ernie, 알리바바의 퉁이쳰원 Tongyi Qianwen, 바이트댄스의 두바오 DouBao 등이 중국의 대표적인 클라우드 AI 서비스다.

애플은 자사의 생성형 온디바이스 AI 기술과 클라우드 AI 기술을 결합하여 음성 어시스턴트 시리의 기능을 대폭 개선할 계획이다. 2024년 6월 애플 정기 개발자 행사 WWDC24에서는 오픈AI

의 챗GPT를 도입하여 자사 제품 사용자에게 고품질의 생성형 AI 기능을 제공할 것이라고 발표했다. 더불어 애플은 구글과 앤트로픽 등 다른 클라우드 AI 서비스 업체들과도 자사의 AI 서비스 플랫폼인 애플 인텔리전스 Apple Intelligence 와의 연계를 논의 중이다. 이는 다양한 클라우드 AI 업체의 기술이 애플의 AI 시스템에 통합될 수 있음을 의미한다.

애플 인텔리전스 시스템은 온디바이스 AI와 클라우드 AI를 결합한 하이브리드 생성형 AI 방식으로 구성되며 이는 여러 이점을 제공한다. 우선 온디바이스 AI로 기존 클라우드 기반 시리 서비스보다 빠른 응답 속도와 높은 서비스 품질을 제공할 수 있다. 예를 들어 SMS와 이메일 내용 요약, 음성 메시지의 텍스트 변환, 연락처 정보를 이용한 자동 응답 생성 등의 기능을 빠르게 수행할 수 있다. 또한 개인 정보를 주로 온디바이스에서 처리하여 데이터 유출을 최소화하는 보안 장점이 있다. 클라우드로 정보가 전송되는 경우에도 애플의 PCC Private Cloud Compute 서버에서 철저히 관리되어 사용자의 프라이버시를 보호한다. 마지막으로 클라우드 AI의 강력한 컴퓨팅 능력을 활용하여 복잡하고 고도화된 서비스를 제공할 수 있다. 예를 들어, 어려운 질문에 대한 복잡한 답변 생성, 실시간 고화질 영상 생성, 개인 맞춤형 건강 조언 제공 등이 가능하다. 해당 기능들은 사용자 경험을 크게 향상할 것으로 예상된다. 이러한 하이브리드 AI 접근 방식은 스마트폰 제조 업계의 새로운 추세가 되었다. 삼성전자도 갤럭시 AI라는 이름으로 비슷한 구조의 플랫폼을 발표한 바 있다. iOS 18.1 베타는 애플 인텔리전스가 탑재된 첫 번째 OS 버전으로 글쓰기 도구, 문자 답장 제안, 이메일 요약, 전화 통화 녹음, 사진에서 사물 제거, 알림 요약 기능 등을 포함하여 AI 비서 시리의 기능까지 개선된다. iOS 18.2 이후 버전에서는 챗GPT 통합 및 젠모지 Genmoji 와 이미지 플레이그라운드 Image Playground 같은 이미지 생성 도구가 추가될 전망이다.

2024년 9월에 발표된 아이폰 16은 애플 인텔리전스를 감안한 새로운 하드웨어 사양을 가진다. 모든 모델에 최소 8GB RAM과 AI 구동 성능이 훨씬 향상된 A18 칩이 탑재된다. 디스플레이 크기는 프로 모델은 6.3인치, 프로 맥스 모델은 6.9인치로 커지며 카메라 성능도 크게 향상될 예정이다. 아이폰 16은 애플 인텔리전스가 기본으로 지원되는 최초의 시리즈로, 판매량 증가에 큰 영향을 미칠 것으로 기대되고 있다. 실제 애플은 TSMC에 이전 대비 1,000만 개 증가한 1억 개에 육박하는 A18 칩을 주문했다. 아이폰 16의 성공 여부는 애플 인텔리전스가 스마트폰 시장의 판도를 바꿀수 있을지를 가늠하는 중요한 지표가 될 것이다. 이후 아이폰 17의 프로 맥스 모델에는 좀 더 차별화된 온디바이스 AI 구동을 위해 12GB RAM이 탑재될 가능성이 높다. 또한 새로운 쿨링 시스템 도입으로 AI 기능처럼 고부하 작업 시 발생하는 발열 문제를 해결할 것으로 전망된다.

　미국에서 애플과 소프트웨어 분야에서 경쟁하는 구글은 AI 기술을 스마트폰 제조사에 공급하는 소프트웨어 회사이면서 동시에 고성능의 픽셀Pixel 스마트폰을 직접 제조하여 판매하는 독특한 위치에 있다. 이러한 구글의 전략은 마이크로소프트가 윈도우 운영체제를 다양한 PC 제조사에 공급하면서도 자체 브랜드인 서피스Surface를 운영하는 것과 유사하다. 마이크로소프트는 윈도우용 AI 어시스턴트인 코파일럿 AICopilot AI 등의 최신 기능을 서피스에 먼저 탑재해서 판매한다.

　구글의 픽셀 스마트폰은 단순한 제품이 아니라 자사의 AI 기능 패키지인 픽셀 AIPixel AI를 가장 완벽하게 구현하는 기술 레퍼런스 모델로서의 의미가 크다. 픽셀 AI의 대표적인 기능으로 삼성전자 갤럭시 AI에 이미 포함된 서클 투 서치가 있다. 매직 에디터Magic Editor는 사진 편집 도구로 사진의 일부를 제거하거나 새로운 내용을 생성하여 채울 수 있다. 레코더Recorder 앱은 녹음된 음성이나 영상에서 텍스트 요약을 생성할 수 있다. 픽셀 AI는 2023년 출시된 구글 픽셀 8 시리즈에 처음 탑재되었다. 세부 기능 중 텍스트 요약이나 생성과 관련된 제미나이 나노 LLM 기능은 현재 플래그십 모델인 픽셀 8 프로에서만 사용 가능하지만 향후 시리즈의 다른 제품으로도 확대될 예정이다. 주목할 만한 점은 픽셀 AI의 일부 기능이다. 예를 들어 서클 투 서치, 텍스트 생성, 이미지 생성 등이 삼성전자의 최신 갤럭시 시리즈에도 적용되었다는 것이다. 이러한 구글의 전략은 픽셀 스마트폰으로 최첨단 AI 기능을 먼저 선보이고, 이를 통해 자사의 AI 기술을 널리 보급하는 접근 방식으로 볼 수 있다. 이는 스마트폰 시장에서 AI 기술의 중요성이 더욱 커지고 있음을 보여 준다.

한편 중국에서도 생성형 AI 기능을 탑재한 스마트폰 제품들이 빠르게 증가하는 추세다. 시장 조사 기관 카날리스가 발표한 2024년 1분기 중국 스마트폰 시장 자료Mainland China smartphone market picks up in Q1 2024, Huawei soars to regain lead에 따르면 2024년 중국에서 판매되는 스마트폰 중 약 12%가 생성형 AI 기능을 탑재할 것이며 이는 글로벌 평균인 9%를 상회하는 수치다. 이는 AI 기술과 하드웨어의 발전이 그동안 침체되었던 중국 스마트폰 시장의 돌파구가 되었음을 시사한다.

중국 스마트폰 시장의 특징적인 부분은 각 제조사가 독자적인 온디바이스 AI를 개발한다는 점이다. 이는 단순히 해외 기술 도입에 따른 비용 문제뿐만 아니라 중국 시장의 특수성에서 비롯된 것이다. 2023년 8월부터 중국 정부는 미-중 간 AI 기술 패권 경쟁과 사회주의 체제 수호를 목적으로 생성형 AI 서비스에 대한 관리 조치를 시행했다. 이로 인해 중국 시장에서 AI 기능을 탑재한 제품을 판매하려는 기업은 국내외를 막론하고 중국 정부의 승인을 받은 생성형 AI를 사용해야 한다. 이러한 규제 환경 속에서 중국 스마트폰 제조사들은 각자의 온디바이스 AI 개발에 주력 중이다. 오포의 안데스GPT AndesGPT, 샤오미의 미LM MiLM, 비보의 블루LM BlueLM 등이 그 예다. 그러나 중국 기업들이 글로벌 시장, 특히 미국 시장에 진출할 때는 다른 전략이 필요하다. 영어 지원과 성능 문제로 구글 제미나이 나노, 메타 라마, 오픈AI와 같은 미국 기업의 AI 기술을 활용하는 것이 효율적일 수 있다. 아너의 경우 이미 이러한 접근 방식을 채택했다. 반대로 해외 제조사가 중국 시장에 진출할 때는 바이두 등 중국 기업과의 협력이 필수적이다. 2024년 삼성과 애플이 바이두와 협력을 시작한 것이 이를 잘 보여 준다.

한 가지 주목할 점은 중국 스마트폰 제조사들의 자체 AP Application Processor 미 보유 문제다. AP란 모바일 디바이스에서 주요 연산 기능을 수행하는 반도체 프로세서를 의미한다. 이는 모바일 디바이스의 두뇌 역할을 하며 디바이스의 성능과 사용자 경험을 좌우하는 핵심적인 부품이다. AP의 부재는 중국 스마트폰 제조사들이 AI 성능과 최적화된 사용자 경험을 제공하는 데 큰 제약이 된다. 이로 인해 많은 중국 기업들이 AI 가속 성능이 뛰어난 미국 퀄컴의 AP에 의존하며, 이는 퀄컴 AP의 중국 내 판매량 증가로 이어지고 있다.

이처럼 중국과 미국의 AI 스마트폰 시장은 각각의 특성을 유지하면서 상호 영향을 주고받고 있다. 중국 기업들의 독자적 AI 개발과 미국 기업들의 기술 혁신이 서로를 자극하며 전체 시장의 발전을 견인하는 중이다. 향후 양국 기업 간의 전략적 협력과 기술 교류가 더욱 중요해질 것으로 보이며, 이는 글로벌 AI 스마트폰 시장의 새로운 성장 동력이 될 것으로 전망한다.

# 02

XR 디바이스,
우리 앞에
한층 다가온 기술

## XR 시장의 지각 변동

부산 출장 업무가 생겨 애플 비전 프로를 챙겨 집을 나섰다. 광명역에서 KTX 열차를 타고 가는 길에 중요한 AI 강의 시청을 놓친 것이 생각나 비전 프로를 착용했다. 한쪽 눈마다 해상도가 4K에 가까운 아름다운 디스플레이로 유튜브 강의를 시청하며 지루해지면 기기를 착용한 상태로 창밖으로 빠르게 흘러가는 경치를 바라보거나 옆에 앉은 지인과 이야기를 나눴다. 비전 프로에 내장된 카메라로 촬영된 실제 화면과 가상 화면을 디스플레이에 동시에 보여 주는 패스스루 Passthrough 기능이 탁월하여 기기를 벗지 않고도 일상에 불편함이 없었다. 잠시 주변 환경을 떠나 혼자 몰입하고 싶을 때면 전체 화면을 가상 화면으로 바꾸는 완전 몰입 Fully immersive 모드로 바꾸고 사막 한가운데로 이동하여 유튜브 강의 시청에 열중했다.

중간에 급하게 이메일을 확인해 달라는 고객의 문자가 아이폰에서 비전 프로로 연동되어, 곧바로 확인 후 가상 키보드로 타이핑

해 이메일을 회신했다. 이후 딸과 페이스타임 화상 통화를 하고 나서 지난달 홍콩 여행에서 찍었던 3차원 입체 사진과 동영상을 감상했다. 마치 그 장소와 시간으로 타임 머신을 타고 돌아간 듯한 느낌이 들었다. 문득 앱스토어를 보니 오늘 출시된 최신 증강 현실 보드게임이 있어 다운로드 후 온라인으로 해외 사용자들과 함께 플레이했다. 비전 프로의 몰입감 덕분에 시간이 빠르게 흘러 어느새 목적지에 도착했다. 가져간 노트북은 열어 볼 필요가 없었다. 다음 출장은 노트북 없이 비전 프로만 가져갈 생각을 굳혔다.

VR Virtual Reality(가상 현실), AR Augmented Reality(증강 현실), MR Mixed Reality(혼합 현실)을 모두 포괄하는 XR eXtended Reality(확장 현실) 기술의 잠

재력은 오랫동안 주목받았다. 그러나 그동안 기술의 한계와 킬러 어플리케이션의 부재로 인해 게임 기기로만 인식되었다. 최근 애플 비전 프로의 출시로 XR 기술 혁신과 AI의 발전이 결합되면서 XR 이 다음 세대의 혁신을 이끌 핵심 기술로 재조명받는 중이다. 비전 프로와 같은 최신 XR 기기들은 초고해상도 디스플레이, 정교한 동작 인식 기능, 몰입감 넘치는 사운드 등을 통해 앞선 기술력을 선보였다. 이들 기기 제조사 중 애플과 메타의 경쟁이 업계의 주목을 받고 있다. 두 기업의 개발 및 대응 전략에는 상당한 차이가 있지만 모두 XR 기술의 미래를 그려 보는 중요한 이정표가 될 것이다. 또한 애플과 메타의 경쟁에 더해 삼성전자 등 글로벌 기업들의 XR 시장 신규 진출로 기술 혁신과 사용자 경험 개선이 더욱 빨라질 것으로 전망한다.

애플 비전 프로는 2개의 초고해상도 마이크로 OLED 디스플레이를 탑재하여 각 눈에 4K 이상의 해상도를 제공하며 이는 2,300만 픽셀에 달하는 엄청난 정보량을 가진다. 이와 함께 특수하게 개발된 R1이라는 SOC를 사용하여 외부의 실제 세계로부터 입력되는 이미지를 12ms Millisecond(밀리초) 이내에 디스플레이에 전송한다. SOC란 System-On-Chip의 약자로 PC에서의 CPU와 같이 디바이스에서 중요한 연산을 담당하는 반도체를 의미한다. 이를 통해 고해상도의 화면을 시간 지연이 거의 없이 처리하여 전달하는 것

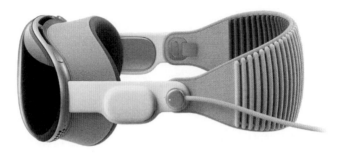

→ 애플 비전 프로 기기 사진 　　　　출처: 애플

이다. 이는 마치 비전 프로를 착용하지 않고 맨눈으로 정면을 보는 듯한 사용자 경험을 제공한다.

비전 프로는 2개의 SOC로 구성되어 하드웨어 측면에서 XR 기기 역사상 가장 독창적인 아키텍처를 갖춘다. 첫 번째 SOC인 M2는 애플 맥북에도 사용되는 고성능 칩으로 비전 프로의 일반적인 컴퓨팅 연산 작업을 담당한다. 두 번째 SOC인 R1은 실시간 처리에 특화되어 있다. 이 칩은 카메라, 센서, 마이크 등에서 입력되는 대규모의 멀티미디어 데이터를 빠르게 처리하여 사용자가 느끼는 지연 시간을 최소화하고 멀미를 방지한다. 또한 비전 프로는 개인 맞춤형 공간 오디오Spatial Audio 시스템을 갖춘다. 이 기능은 소리에 위치와 방향성을 부여하여 사용자에게 더욱 현실감 있는 경험을 제공한다.

애플 비전 프로는 비전OS VisionOS 운영 체제를 기반으로 실제 환경과 디지털 콘텐츠를 자연스럽게 통합한다. 물리적인 컨트롤러 없

↗ 애플 비전OS UI

출처: 애플

이도 눈동자 추적과 손가락 및 손동작 인식으로 비전 프로 시스템과 상호작용할 수 있으며, 이를 통해 다양한 앱을 직관적인 방식으로 자연스럽게 사용할 수 있다.

애플의 설계 철학은 사용자가 주변 환경과 상호작용하면서도 완전히 몰입할 수 있는 경험을 중심으로 한다. 한 가지 예로 디지털 크라운이라는 아날로그 방식의 미세 조절 다이얼로 AR, MR, VR 모드 사이를 부드럽게 전환할 수 있다. 디지털 크라운을 돌려서 완전히 가상으로 그려진 VR 화면과 주변 실제 환경 위에 가상의 일부 콘텐츠가 함께 보이는 AR 화면 사이를 단절감 없이 자연스럽게 전환하여 몰입감을 유지하는 것이다.

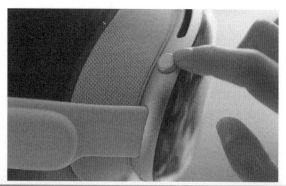

⟶ 애플 비전 프로 디지털 크라운으로 몰입도 조정 　　　　　　　　출처: 애플

　　2024년 비전 프로 출시 직후에는 구동 가능한 앱의 개수나 종류가 많지 않았다. 절대적인 앱 수량의 부족을 해결하기 위해 애플은 비전 프로 앱스토어에서 기존 아이폰 앱과 아이패드 앱을 다운로드하여 사용할 수 있게 했다. 개발자들을 위해서는 기존 앱을 애플 소프트웨어 개발 도구인 Xcode를 통해 비전 프로용으로 간단

히 변환하여 특유의 미려한 룩앤필Look & feel을 빠르게 반영할 수 있도록 했다. 룩앤필은 사용자 인터페이스의 시각적 디자인과 사용자 경험을 의미한다. 애플 비전 프로 전용 앱 중 주목받는 카테고리로 영상 감상, 인터랙티브 3차원 콘텐츠 앱, 3차원 게임, SNS를 들 수 있다.

비전 프로의 강점인 초고해상도와 생생한 공간 오디오를 만끽할 수 있는 영상 재생용 앱은 애플 TV와 디즈니 플러스가 대표적이다. 디즈니 플러스 앱은 2024년 2월에 비전 프로 앱스토어에 소개되었으며 픽사, 마블, 스타워즈 등의 콘텐츠를 감상할 수 있다. 비전 프로용 디즈니 플러스 앱만의 특징은 3D 영화 감상뿐만 아니라 디즈니의 콘텐츠를 사용해서 주변 공간 자체를 변화시킬 수 있다는 것이다. 3D 영화로는 〈아바타: 물의 길〉, 〈어벤져스: 엔드게임〉, 〈스타워즈: 깨어난 포스〉, 〈엘리멘탈〉 등 다양한 콘텐츠를 감상할 수 있다. 주변 공간은 디즈니 플러스 전용 극장, 픽사의 〈몬스터 주식회사〉에 나오는 스케어 플로어, 맨해튼을 내려다보는 마블의 어벤져스 타워, 스타워즈 은하계의 타투인 행성에 있는 루크 스카이워커의 랜드스피더 조종석 등 특별한 환경으로 주변 공간을 변화시킬 수 있다. 사용자가 실제로 해당 공간에 있는 듯한 몰입감을 제공하는 기능으로 많은 호평을 받는다.

영상 감상 분야에서 디즈니 플러스가 3D 영화와 몰입형 환경을 제공하는 것처럼 교육과 비즈니스 분야에서도 XR 기술을 활용한 새로운 앱들이 등장하는 추세다. 비전 프로 인터랙티브 앱인 지그스페이스JigSpace가 대표적으로 AR을 활용하여 3D 프레젠테이션을 만들 수 있는 플랫폼이다. 이 앱은 비전 프로의 고해상도 디스플레이와 정교한 손동작 인식 기능을 활용하여 사용자가 복잡한 개념이나 제품을 직관적으로 이해하고 상호작용할 수 있게 해 준다.

지그스페이스에서는 지그Jig 라는 상호작용 3D 프레젠테이션으로 사용자가 가상의 객체를 직접 조작하고 탐험할 수 있다. 이는 단순한 프레젠테이션을 넘어서는 새로운 차원의 커뮤니케이션 도구로 다양한 산업 분야에서 활용된다. 예를 들어 의료기기 회사 메드트로닉은 지그스페이스를 사용해 정밀한 CAD 수준의 의료장비 AR 프로토타입을 제작한다. 자동차 업체 알파 로메오는 지그스페이스를 활용해 F1 자동차의 상세한 3D 모델을 구현했다. 사용자들은 이를 통해 실제 크기의 F1 자동차를 눈앞에서 상세히 관찰하고 각 부품을 개별적으로 살펴볼 수 있다. 실제 체험해 보면 거대한 자동차를 거실에 올려놓을 수 있어 무척 인상적이다.

지그스페이스는 장기적으로 마치 오피스 프로그램에서의 파워포인트와 같이 공간 컴퓨팅 시대의 3차원 커뮤니케이션 표준이 되는 것을 목표로 한다. 이러한 3차원 인터랙티브 앱은 비전 프로 기기의 고성능에 힘입어 원격 교육과 비즈니스 협업 방식을 혁신할 잠재력이 있다. 구체적으로 복잡한 기계의 작동 원리를 시각적으로

→ 비전 프로용 지그스페이스 앱

설명하거나 건축 설계를 실시간으로 공유하고 수정하는 등의 작업이 가능하다. 이를 통해 시공간의 제약을 극복한 새로운 형태의 상호작용과 협업이 가능해질 것으로 예상된다.

3차원 게임의 경우 기존 메이저 게임 중 최초로 데메오Demeo가 비전 프로 플랫폼으로 출시되어 2024년 5월 앱스토어에 등록되었다. 데메오는 최대 4인이 즐길 수 있는 턴제Turn-based RPG 게임으로 각 플레이어들이 돌아가면서 본인 차례에 한 번씩 조작하며 진행되는 보드게임이다. 데메오는 기존에 메타 퀘스트 등 다른 XR 플랫폼으로도 몇 차례 이식된 적이 있다. 이번 비전 프로 버전에서는 완전 몰입 모드와 창Window 모드를 선택할 수 있다. 완전 몰입

BATTLE THE FORCES OF EVIL

⤳ 비전 프로용 데메오 　　　　　　　　출처: 비전 프로 앱스토어 데메오 페이지

모드는 화면 전체가 디지털로 구현된 가상 세계 장면을 의미하며, 데메오 게임의 내용이 전체 화면을 차지하며 표시된다. 창 모드는 주변의 실제 환경이 보이는 화면에서 일부 영역에 2차원의 창이 나타나며 데메오 게임이 표시된다.

　데메오의 사례는 다른 메이저 게임들의 비전 프로 버전 출시를 기대하게 한다. 다만 기존 게임의 경우 애초에 비전 프로 전용으로 기획된 것이 아니다. 개발 시간을 고려하여 범용 개발 도구인 유니티Unity를 사용했기 때문에 특정 하드웨어의 기능을 지원하지 않을 수 있다. 이로 인해 비전 프로의 강점인 공간 컴퓨팅 기능을 충분히 활용하지 못할 수 있다. 그러나 이러한 한계는 일시적일 것으로 보인다. 비전 프로의 성능과 기능에 대한 정보가 많아지고 개발자들이 이에 익숙해지며 향후에는 비전 프로 플랫폼의 강점을 최대한 활용한 고사양 메이저 게임들의 출시가 예상된다. 이러한 게임들은 비전 프로의 특성을 충분히 살려 더욱 몰입감 있는 경험을 제공할 것이다.

기존 XR 디바이스와 차별화된 성능을 기반으로 제공되는 SNS 서비스도 비전 프로에서 주목받는 분야다. 특히 비전 프로의 첫 SNS 앱인 인스페이즈 inSpaze가 대표적이다. 인스페이즈는 사용자가 자신만의 가상 공간을 꾸미며 전 세계 사람들과 실시간으로 소통할 수 있는 서비스다. 비전 프로의 정교한 시선 추적 기능과 제스처 인식 기술로 자연스럽게 상호작용할 수 있고, 개인화된 아바타인 페르소나 기능으로 사실적인 표정과 감정 표현이 가능하다. 또한

⟶ 비전 프로 inSpaze 앱 실행 화면                                   출처: inSpaze

초고해상도 디스플레이는 몰입감 높은 사용자 경험을 제공하고, 실시간 번역 기능을 통해 원활한 글로벌 소통까지 지원한다. 인스페이스는 비전 프로의 혁신적인 기술력을 바탕으로 XR이 SNS를 어떻게 변화시킬지 보여 주는 중요한 사례로 기대되며, 비즈니스 미팅에서도 높은 활용성을 보일 전망이다.

비전 프로에 대항하는 메타의 XR 디바이스 라인업 중 최고가인 퀘스트 프로는 기존 퀘스트 시리즈 대비 전문적인 업무 환경을 고려한 고급 기능을 좀 더 제공한다. 퀘스트 프로는 퀄컴의 스냅드래곤Snapdragon XR2 Plus Gen 1 칩을 사용하며 기존 메타 제품 대비 강력한 스펙을 지닌다. 다만 가격 경쟁력 부족과 더불어 높은 스펙을 충분히 이용하는 앱이나 퀘스트 프로 하드웨어 기능을 활용하는 소프트웨어 지원 부족으로 얼마 못 가 단종되었다. 이후 가격대와 스펙 수준이 좀 더 낮은 퀘스트3에 최신 기종의 자리를 넘겨 주고 만다.

2023년 10월부터 판매된 퀘스트3는 퀘스트 프로와는 다른 관점인 게임 및 일반 엔터테인먼트에 더 초점을 맞추며 더 새로운 퀄컴 스냅드래곤 XR2 Gen 2 칩을 장착한다. 이 칩은 이전 세대보다 그래픽 성능이 크게 향상되어 퀘스트 프로의 그래픽 능력마저 뛰어넘는다. 퀘스트3는 이전 모델보다 시야가 넓고 해상도가 높아 더 몰입감 있는 경험을 제공한다.

메타는 퀘스트3의 인기에 힘입어 저렴한 버전인 퀘스트3S를 2024년 하반기 출시 준비 중으로 알려졌다. 유출된 정보를 보면 퀘스트3S는 퀘스트3보다 가격과 스펙을 낮추어 대중성을 향한 기기를 지향하는 것으로 보인다. 대표적으로 해상도와 렌즈 시스템 등이 다운그레이드될 가능성이 있다.

이러한 메타의 행보와는 달리 삼성전자는 애플 비전 프로와 직접 경쟁하는 제품을 내놓을 것으로 전망한다. 관련 내용은 2024년 2월 개최된 모바일 산업 분야 최대 행사인 MWC<sub>Mobile World Congress</sub>에서 삼성전자가 XR 헤드셋 시장에 진출을 발표하며 공식화되었다. 발표된 내용에 따르면 삼성전자의 XR 헤드셋은 소니의 마이크로 OLED 디스플레이를 탑재할 예정이며, 8개의 추적 카메라와 빛이 물체에 반사되어 돌아오는 시간을 측정하여 거리를 측정하는 깊이<sub>TOF, Time-of-flight</sub> 센서로 사용자의 움직임을 추적한다. 또 음성 명령, 눈동자 추적, 손동작 인식 기능을 사용자 인터페이스로 제공한다. 퀄컴 및 구글과의 파트너십을 바탕으로 메타 제품에 사용되었던 칩셋보다 더 향상된 성능을 지닌 퀄컴 스냅드래곤 XR2+ Gen 2 칩셋이나 성능을 더욱 높인 퀄컴 스냅드래곤 XR2+ Gen 3 칩셋을 적용할 것으로 전망한다. 또한 구글의 참여로 인해 구글의 온디바이스 AI 기술과 서비스도 탑재될 가능성이 있다. 이처럼 삼성전자에서 개발하는 제품은 고사양을 채택하여 메타의 제품군보다는 애플의 비전 프로가 만드는 전문가와 기업용 시장을 거냥하는 것으로 보인다. 제품 출시는 2025년 초반으로 예상되며 삼성전자는 후발 주자로서 비전 프로 대비 경쟁력 있는 품질과 기능을 제공해야 하는 큰 부담을 가진 것으로 알려졌다.

↱ 애플, 메타, 삼성 XR 디바이스 사양

| | 애플 비전 프로 | 메타 퀘스트 3 | 삼성 XR 헤드셋 (예상) |
|---|---|---|---|
| 출시일 | 2024년 2월 | 2023년 10월 | 2025년 초 |
| 가격 | $3,499 | $499 | 미정 |
| 주요 칩셋 | M2 + R1 | 스냅드래곤 XR2 Gen 2 | 스냅드래곤 XR2+ Gen 2 또는 Gen 3 |
| 디스플레이 | 마이크로 OLED, 각 눈당 4K | LCD, 해상도 향상 | 마이크로 OLED, 각 눈당 4K 이상 |
| 주요 기능 | 고해상도 패스스루, 아이트래킹 | 개선된 MR 기능 | 동시 카메라 센서, 패스스루 |
| 타깃 시장 | 전문가, 기업용 | 게임, 일반 소비자 | 전문가, 기업용 |

애플의 비전 프로와 메타의 퀘스트3, 삼성에서 출시될 XR 디바이스의 주요 특징은 위의 표로 요약할 수 있다. 내용에서 확인할 수 있듯이 각 기업은 서로 다른 시장을 목표로 하며 각기 다른 기술적 특징을 가진다.

비전 프로의 출시는 XR 시장에 큰 반향을 일으켰고 높은 가격에도 불구하고 한 차원 높은 품질과 성능으로 초기 사용자들의 긍정적인 피드백과 함께 여러 매체들에서 호평을 받았다. 비전 프로의 기술 혁신은 XR이 단순한 게임이나 엔터테인먼트를 넘어 산업 전반에 걸쳐 실제적인 가치 창출의 가능성을 보여 주었다. 애플을 비롯하여 메타, 삼성의 XR 분야 경쟁으로 인하여 한 세대 혹은 두 세대 이후에는 사회 전반에 걸쳐 폭발적인 영향력을 미칠 것으로 예상된다.

## XR 콘텐츠를 뒷받침하는 생성형 AI

2024년 6월 개봉한 애니메이션 〈몇 분간의 성원을〉은 마치 XR 환경에서 이루어지는 것처럼 보이는 창작 과정을 흥미롭게 연출한 작품이다. 애니메이션에서는 주인공이 길거리 뮤지션을 위해 3차원 공간에서 뮤직 비디오를 제작하는 장면이 등장한다. 주인공은 양손을 자유롭게 사용하며 멀티미디어 콘텐츠를 만든다. 웹 서핑으로 작업 컨셉을 찾고 정리한 후 주요 색상을 선정하고 배경에 위치할 구조물을 그리며 3D 인간 모형을 제작하는 과정이 상세히 묘사된다. 특히 3차원 공간에서 다양한 객체와 아바타 캐릭터를 디자인하는 화려한 연출이 눈길을 끈다. 이 애니메이션은 XR 기술을 활용한 콘텐츠 제작 과정을 직관적으로 보여 주며 미래의 창작 환경을 두고 흥미로운 통찰을 제공한다.

XR 공간을 구현하기 위한 콘텐츠 제작 기술 중에서 최근 AI 적용이 눈에 띄게 늘었다. 특히 주목을 가장 많이 받는 분야는 AI 아바타 게임 캐릭터의 제작이다. 게임 속에서 이미 정해진 대사와 행동만을 반복했던 NPC Non Player Character에 AI가 적용되면 주변 상황의 변화나 플레이어 캐릭터들과의 상호작용에 따라 다양한 감정 표현과 대화가 가능해진다. 이는 플레이어의 게임 몰입도를 한층 높이는 역할을 한다. 여기에는 LLM 기반의 AI가 적용되는데, 게임 캐릭터나 아바타에 다양한 언어, 논리, 감정, 개성 표현을 부여하여 마치 살아 있는 것과 같은 생동감을 줄 수 있다. 이처럼 LLM을 활용하면 게임뿐만 아니라 의료, 교육 등 각종 XR 응용 환경에 차원이 다른 상호작용성을 구현하는 것이 가능하다. 이에 따라 게임 개발사와 인터랙티브 미디어 콘텐츠 업체들은 해당 기술에 많은 투자를 진행한다.

가상 현실 롤플레잉 게임 '엘더스크롤: 스카이림 VR'을 게이머들이 수정한 모드 MOD, Modification 버전에서는 LLM 기술을 활용해 NPC의 대화 시스템을 개선했다. 기존에는 미리 정해진 대화 옵션만 선택할 수 있었지만 LLM 적용 후에는 플레이어가 자유롭게 질문하며 대화하는 것이 가능해졌다. 예를 들어 플레이어가 마을의 역사에 대해 알려 달라고 하면 NPC는 게임 세계관에 맞는 독특한 역사를 즉석에서 생성하여 들려준다. 또한 플레이어의 이전 대화나 행동을 기억하여 맥락에 맞는 대화를 이어 갈 수도 있다. 이를 통해 플레이어의 몰입감이 향상된다.

이러한 상호작용성은 XR 기술과 결합할 때 더욱 강력해진다. XR
은 3D 환경에서 사용자 주변의 객체를 인지하는 기능이 필수적이
다. 3D 공간에서 자유롭게 움직이며 주변 환경과 상호작용하기 때
문이다. 해당 환경에서는 기존 텍스트 위주의 LLM에 더해 시각적
인 입력 신호를 해석하고 텍스트 응답을 생성할 수 있는 LVM Large
Vision Model 기술이 더욱 유용하다. LVM은 사용자를 대신하거나 사
용자를 보조하여 주변의 XR 공간이나 실제 공간을 인지하고 그에
따른 적절한 행동을 지능적으로 수행할 수 있다.

이러한 환경에서는 기본적으로 텍스트 입출력이 사용자와 상호
작용할 수 있는 유일한 방법이다. 사용자가 좀 더 편리하게 커뮤니
케이션을 하기 위해 필요한 것이 텍스트와 음성을 상호 변환하는
TTS Text-to-Speech 와 STT Speech-to-Text 기술이다. 이러한 기술들은
생성형 AI와 함께 적용되어 음성 인식 및 합성을 가능하게 한다. 이는
디지털 아바타를 만들기 위해 필수적으로 구현해야 하는 인터페이스
요소다. 이를 통해 XR 환경에서 사용자는 음성 명령으로 디지털 캐
릭터와 소통하고, 캐릭터는 자연스럽게 음성으로 응답할 수 있다.

XR 공간의 몰입감을 높여 주는 또 다른 요소는 오디오다. 기본
적인 사운드나 음악 혹은 주변에서 자연스럽게 발생하는 바람 소
리 등의 앰비언트 사운드 Ambient Sound 에 대한 요구 사항 역시 몰입

감을 유지하는 데 중요하다. 이때 중요한 개념이 공간 오디오다. 공간 오디오에서는 공간상에서 객체가 존재하는 위치에서 특정 방향이나 혹은 설정된 대로 사운드가 발생하도록 되어 있어 가상 공간에서도 현실적인 느낌을 받을 수 있다.

LLM, LVM, 이미지 생성 AI, 오디오 기술 등 XR 관련 콘텐츠 기술의 발전 방향은 현실과 구분하기 어려울 정도로 정교한 디지털 아바타의 완전한 구현으로 수렴될 것으로 예상한다. LLM과 LVM은 아바타에게 자연스러운 대화 능력과 상황 인지 능력을 부여하고 3D 이미지 생성 AI는 아바타의 외형을 실제 인간과 거의 구별할 수 없을 정도로 정교하게 만든다. 여기에 고도화된 음성 합성 기술과 공간 오디오 기술이 더해져 아바타의 음성과 주변 환경음이 현실성 있게 구현될 것이다. 이러한 기술의 융합으로 탄생할 아바타 기술은 게임과 엔터테인먼트를 넘어 교육, 의료, 비즈니스 등 다양한 분야에서 혁신적인 변화를 이끌 것으로 예상된다. 궁극적으로 이는 우리가 디지털 세계와 상호작용하는 방식을 근본적으로 변화시키고 현실과 가상의 경계를 더욱 모호하게 만들 전망이다.


## XR 기기 시장 전망과 경쟁 구도

시장 조사 기관 IDC에서 2024년 발표한 보고서에 따르면 XR 기기 시장이 큰 변화를 맞이할 것으로 보인다. 2023년에는 메타 퀘스트3, 소니 플레이스테이션 VR2 등 주요 기업의 XR 제품이 출시되었지만 세계적인 경제 불황으로 2022년 대비 XR 기기 판매량이 23.5% 감소한 바 있다. 반면 2024년에는 XR 기기 출하량이 2023년 대비 44.2% 증가해 970만 대에 이를 것으로 전망된다. 이러한 급격한 성장에는 여러 요인이 있다. 글로벌 경제 반등이 주요 원인 중 하나이며 2023년 4분기 메타 퀘스트 3와 2024년 1분기 애플 비전 프로 등 혁신적인 제품 출시도 큰 역할을 했다. 애플 비전 프로는 특히 XR 기술을 향한 일반인들의 관심을 크게 높이고 경쟁사의 기술 혁신을 자극하는 데 기여했다. 2024년 말 또는 2025년 초반으로 예상되는 삼성전자의 XR 기기 출시도 시장에 긍정적인 영향을 미칠 것으로 보인다.

  IDC는 2028년까지 VR 헤드셋 출하량이 연평균 29.2%의 성장률을 보이며 2,470만 대에 달할 것으로 전망한다. 이는 게임 이외의 분야, 특히 기업에서의 교육, 디자인 등 다양한 용도로 VR 기술 활용이 확대될 것이라는 전망에 기반한다. AR 헤드셋 시장의 성장세는 더욱 가파를 것으로 보인다. 2024년 100만대 미만이던 AR 기기 출하량이 2028년에는 1,090만 대로 급증할 것으로 예상되며 연평균 87.1%라는 놀라운 성장률을 보일 전망이다. 향후 XR 기술과 AI의 통합, 그리고 초고해상도 XR 디스플레이 기술의 발전은 XR 기기를 엔터테인먼트 도구를 넘어 일상과 업무 환경을 크게 변화시킬 수 있는 수준으로 끌어올릴 것이다.

XR 시장은 크게 B2B와 B2C로 나뉜다. B2B 시장에서는 과거 마이크로소프트의 홀로렌즈 HoloLens 제품 단종 이후 중소 규모의 니치 제품들이 AR 위주로 비즈니스를 영위했다. B2C 시장에서는 메타의 퀘스트 시리즈가 시장 점유율의 거의 90%를 차지했다. 그러나 이번 애플 비전 프로 발매 이후에는 메타의 게임 위주 세그먼트와 애플 비전 프로가 새로이 만든 업무용 고성능 세그먼트로 시장이 분화되는 움직임을 보이고 있다.

애플은 자사 생태계 중심의 접근 방식을 채택하여 비전 프로 제품을 통해 XR 시장에서의 입지를 강화하고 있다. 고성능 기기의 강점을 살려 개인용뿐만 아니라 자동차, 콘텐츠 제작 등 다양한 산업에서의 활용을 염두에 두고 개발을 진행 중이다. 애플은 2024년을 기점으로 AI 기능을 본격적으로 도입하고 있다. 오픈AI의 챗GPT를 애플 제품군에 통합하고 자체 AI 시스템인 애플 인텔리전스를 발표했다. 이러한 AI 기술이 비전 프로에도 적용되어 기능 향상에 크게 기여할 것으로 전망된다. 한편 비전 프로의 높은 가격으로 시장에서 고전하는 상황을 타개하고자 2025년이나 2026년까지 더 저렴한 다음 세대의 제품을 개발하는 이중 전략을 추진하는 것으로 보인다. 이를 위해 애플은 기존의 미국 내수 위주의 제품 출시를 넘어 다른 나라에도 비전 프로의 정식 발매를 앞두고 있다.

→ 애플 비전OS 2.0 기능 중 공간 사진 변환과 울트라 와이드 맥 스크린 미러링　　출처: 애플

이는 초기 미주 지역의 폭발적인 관심도가 식어 가는 상황에서 새로운 돌파구가 될 것이다.

　애플은 WWDC24에서 6월과 7월에 걸쳐 중국, 일본, 싱가포르, 호주, 캐나다, 프랑스, 독일, 영국에 비전 프로 출시를 발표했다. 특히 중국과 일본은 가상 현실을 두고 소비자들의 관심이 높은 것으로 알려져 비전 프로의 구매에 적합한 시장이 될 가능성이 높다. 아시아 주요국 정부의 XR 기술 지원 정책 등도 비전 프로의 시장 확대에 긍정적일 전망이다. 한편, 애플은 비전OS의 개선에도 많은 노력을 기울인다. WWDC24에서 듀얼 4K 울트라 와이드 가상 디스플레이, 공간 사진 변환 등의 신규 기능을 지닌 비전OS 2.0을 발표했고 애플 인텔리전스 기능도 비전OS상에 적용 중으로 알려졌다.

반면 메타는 협력과 개방형 생태계를 중심으로 한 전략으로 시장에서의 입지를 더욱 공고히 한다. 메타 XR 전략의 핵심은 메타버스 허브의 구축이다. 메타버스를 미래 인터넷의 핵심으로 보고, XR 기술로 이를 실현하고자 한다. 이를 위해 LG, ASUS, 레노버, 퀄컴과 같은 글로벌 파트너들과의 협력을 통해 메타 호라이즌 Horizon OS를 중심으로 한 독자적인 생태계를 구축한다. 또한 하드웨어 측면에서 퀘스트 시리즈를 지속적으로 개선 중이다. 특히 퀘스트3에서는 MR 기능을 강화하여 기존의 게임 위주의 사용 경험을 넘어 교육, 업무, 소셜 미디어 등 다양한 분야로의 응용 가능성을 확장하고 있다. 또한 메타는 XR 기술 발전을 위해 라마 시리즈 등 오픈 소스 AI 기술의 개발과 관련 생태계 구축에도 주력한다. 이는 다양한 콘텐츠 개발자와 하드웨어 제작자들을 메타 플랫폼으로 유도하는 전략이다. 사회적 연결성 강화와 기업용 솔루션 개발도 메타 XR 전략의 중요한 부분이다. XR을 통해 사람들이 더 몰입감 있게 소통할 수 있는 방법을 개발하고 있으며, 워크플레이스 VR 등의 기업용 XR 솔루션으로 비즈니스 시장을 공략하고 있다.

이렇듯 애플과 메타는 사뭇 다른 행보를 보이며 그것은 당초에 두 회사의 철학과 방향이 애플은 AR 중심의 업무용 기기, 메타는 VR 중심의 게임용 기기인 것에 기반한다. 두 회사는 현재 다른 세그먼트에서 각자의 비즈니스를 영위하며 이 기조는 한동안 유지될 것으로 보인다. 다만 몇 년 이후 각종 하드웨어의 개발로 한층 가벼우면서도 성능이 우수한 AR 기기의 개발이 가능한 시점이 되면 두 회사가 일상 목적의 AR 기기 세그먼트 시장에서 정면으로 맞붙을 가능성이 있다. 애플은 고사양의 AR에서 시작해서 지속적으로 기기의 성능과 비용을 최적화하고, 메타는 저사양의 VR 기반에서 시작했지만 AR 기반으로 무게 중심을 점차 옮기고 있기 때문이다. 메타는 비용 문제로 자사 전용 반도체, 전용 OS, 기기 제조사 협력 계획 등을 조정하는 반면 애플은 자체 생태계와 제조 인프라를 바탕으로 XR 시장에 접근한다. 이러한 두 회사의 서로 다른 접근 방식은 각각의 장단점을 가졌지만 현재 시점에서 애플의 통합된 생태계와 하드웨어 개발 능력이 XR 시장 전개에 있어 다소 유리한 위치를 제공하는 것으로 보인다.

# 03

# 웨어러블 디바이스, AI로 확장되는 일상

## AI 기술로 부활하는 웨어러블 제품

스마트워치와 피트니스 트래커Fitness Tracker로 대표되는 웨어러블 디바이스는 이미 우리 일상에서 흔히 볼 수 있는 제품이 되었다. 그러나 진정한 라이프스타일 혁신의 도구라고 하기에는 아직 부족한 점이 많다. 이러한 웨어러블 디바이스가 최근 AI, 특히 챗GPT와 같은 LLM의 비약적인 발전에 힘입어 재조명되는 추세다.

LLM과 웨어러블 기기의 융합은 스마트 디바이스가 우리의 일상과 상호작용하는 방식에 큰 전환점을 가져왔다. 사용자의 건강 데이터, 일정, 선호도 등을 분석하여 맞춤형 조언을 제공하거나 복잡한 상황에 맞는 정보를 실시간으로 제공하는 등 더욱 지능적인 서비스가 가능하도록 하고 있다.

시장 전망도 밝다. 웨어러블 AI 제품 시장은 현재 놀라운 속도로 성장하는 추세다. 시장 조사 기관 마켓앤마켓에 따르면 글로벌 웨어러블 AI 제품 시장 규모는 2024년 627억 달러에서 2032년 1,385억 달러로 성장할 전망이다. 2023년부터 2032년까지 연평균 성장률CAGR은 17.2%에 달할 것으로 예측된다. 이러한 성장의 원동력으로 건강과 피트니스를 향한 관심 증가, 웨어러블 기술 혁신, 애플 및 삼성전자 등 주요 제조사들의 과감한 투자 등을 꼽을 수 있다.

제품군 중에서는 스마트워치가 시장을 이끌 것으로 예상된다. 건강 모니터링과 운동 추적 기능이 소비자들에게 인기를 끌고 있기 때문이다. 지역별로는 북미 시장이 가장 크지만 아시아 태평양 지역에서 빠른 성장이 기대된다.

실리콘밸리의 AI 스타트업 휴메인은 이러한 변화의 선두에 섰다. 2018년 설립된 휴메인은 애플 출신 디자이너들이 주도하고 오픈AI CEO 샘 알트만을 비롯하여 마이크로소프트, 볼보, SK네트웍스 등 유명 기업들의 투자를 받아 주목받는 중이다. 휴메인의 대표작 'AI 핀'은 스마트폰 의존도를 낮추고 새로운 라이프스타일을 제시하는 것을 목표로 한다.

AI 핀은 옷깃이나 가방에 부착하는 소형 디바이스다. 디스플레이 대신 레이저 프로젝션으로 손바닥에 정보를 표시하며 음성 인식과 내장 카메라로 사용자와 상호작용한다. 이 기기의 핵심은 오픈AI 등의 서비스를 이용한 LLM 기능이다. AI 핀에서 LLM 기능은 두뇌 역할을 하며 사용자의 음성과 의도를 정확히 이해하고 맥락에 맞는 응답을 생성하거나 동작을 수행한다. 예를 들어 음성 기반의 SMS나 통화, 이메일 요약, 실시간 번역 기능, 웹 검색 등이 가

→ 휴메인의 AI 핀을 착용한 사진과 레이저 프로젝션 사진　　　　　　출처: 휴메인

능하다. AI가 사용자의 일정과 이메일을 분석해 맥락에 맞는 정보를 제공하고 주변 환경을 인식해 설명하는 기능도 갖췄다. LLM의 활용으로 AI 핀은 단순한 정보 전달 기기를 넘어 지능적인 개인 비서 역할을 수행할 수 있게 되었다.

AI 핀은 독립적인 데이터 통신이 가능하여 스마트폰을 일부 대체할 잠재력을 지닌다. 그러나 클라우드 기반 처리로 인한 반응 속도 지연, 발열 문제, 레이저 프로젝션의 가독성 등 해결해야 할 과제도 있다. 699달러라는 높은 가격과 이동통신사 계약 필요성도 장벽이다. 한국에서는 2024년 2월 SKT와 휴메인의 전략적 파트너십이 주목받았다. SKT는 AI 핀에 자사의 PAAPersonalized AI Assistant,

개인형 AI 서비스로 에이닷A.을 탑재하고 국내 진출을 위한 통신과 유통 인프라를 지원할 예정이다. 그러나 2024년 4월 집계된 AI 핀의 판매량은 목표치 10만 대의 10%인 1만 대에 그친 것으로 알려졌고, 뉴욕 타임즈 발 휴메인의 HP 매각 제의 소식도 전해져 향후 행보가 불투명하다.

웨어러블 시장의 확장과 함께 주요 기존 제조사들도 새로운 형태의 웨어러블 제품을 선보인다. 그중에서도 삼성전자가 2024 갤럭시 언팩 행사에서 공개한 갤럭시 링은 최초의 링 형태 기기로 업계의 주목을 받았다. 기존의 스마트폰, 태블릿, 스마트워치 등 다양한 모바일 라인업에 더해 갤럭시 링은 삼성의 차기 웨어러블 제품 방향을 보여 주는 상징적인 제품이다. 티타늄 프레임으로 제작되었고 온도 센서, 광학 센서, 가속도 센서를 가져 심박수, 혈압, 혈중 산소 포화도, 스트레스, 호흡수, 수면 품질 등 주요 건강 지표를 측정할 수 있다. 손가락에 밀착 착용되므로 피부를 통해 정확한 데이터 수집이 가능하며 배터리는 최대 7일간 사용 가능하다.

갤럭시 링은 삼성전자의 개인 맞춤형 건강 관리 플랫폼인 삼성 헬스와 연동하여 헬스 케어 서비스를 제공한다. 다양한 건강 지표를 통합해 에너지 점수를 계산하여 전반적인 컨디션 상태를 보여 주고 휴식이나 운동을 제안할 수 있다. 삼성전자는 갤럭시 링으로 헬스 케어 및 웰니스 시장 입지를 강화하고 다양한 웨어러블 라인업을 구축할 계획이다.

→ 삼성전자 갤럭시 링　　　　　　출처: 삼성전자

　헬스 케어 기능 이외에도 갤럭시 링은 제스처 기능을 지원하여 삼성 스마트폰을 원격으로 제어하는 것도 가능하다. 예를 들어 사진 촬영이나 알림 해제 등을 원격으로 수행할 수 있다. 더 나아가 향후 출시 예정인 삼성전자 XR 기기의 컨트롤러 역할도 할 수 있을 것으로 전망한다.

　웨어러블 기술의 혁신은 다양한 형태로 나타난다. 건강 관리에 초점을 맞춘 삼성의 갤럭시 링과는 다른 방향으로 업무 효율성 향상을 목표로 하는 제품도 등장했다. 실리콘밸리에 본사를 둔 AI 스타트업 리미트리스가 그 주인공이다. 리미트리스 펜던트Limitless Pendant라는 독특한 웨어러블 기기를 선보이며 회의 효율성 제고와 업무 생산성 향상이라는 비전을 제시했다.

리미트리스 펜던트는 옷깃이나 목걸이에 착용하는 소형 디바이스다. 내장 마이크로 주변 대화를 녹음해 클라우드로 보내면 이후 LLM 기능이 자연어 처리 능력을 바탕으로 회의 내용을 정확하게 이해하고 분석한다. 사용자는 앱으로 LLM 기능이 생성한 회의 내용 요약과 핵심 사항을 확인하고 과거 회의 내용 검색도 가능하다. 예를 들어 "지난주 회의에서 이 대리가 언급한 신규 프로젝트 내용이 뭐였지?"라고 묻는다면 관련 내용을 검색해서 찾아 준다. 리미트리스 펜던트는 사용자의 이메일, 캘린더 등 업무 데이터와 연동되는데 향후 이메일 자동 답장, 태스크 자동화 등 종합적인 AI 비서 기능으로 발전될 계획이다. 사용자의 업무 패턴을 학습해 선제적으로 정보를 제공하고 업무를 처리해 주는 것이 리미트리스 펜던트의 차기 주요 목표다.

기존 회의록 AI 앱들과 차별화되는 포인트는 전용 하드웨어로 오프라인 공간까지 커버한다는 점이다. 예를 들어 이 제품은 빔포밍 Beamforming 기술로 주변 소음을 제거하고 화자의 목소리만 선택적으로 녹음한다. 배터리는 100시간 이상 지속되며 녹음 시 LED 표식이 켜진다. 다만 프라이버시 문제가 제기될 수도 있다. 동의 없이 제3자의 음성을 녹음하지 않는 '동의 모드'를 탑재했지만 이것이 시스템의 기본 설정이 아니기 때문에 여전히 개선이 필요하다. 그럼에도 불구하고 리미트리스 펜던트는 99달러의 저렴한 가격과

→ 리미트리스 펜던트 제품 컨셉 사진  출처: 리미트리스

편리함으로 업무용 AI 시장에서 빠르게 보급될 것으로 전망된다.

　이처럼 AI를 필두로 한 웨어러블 기술의 발전은 일상과 업무를 근본적으로 변화시킬 잠재력을 지닌다. LLM과 같은 고도화된 AI 기술의 접목으로 웨어러블 디바이스는 단순한 정보 수집 도구에서 지능적인 개인 비서이자 건강 관리자로 진화 중이다. 휴메인의 AI 핀, 삼성의 갤럭시 링, 리미트리스의 펜던트 등 다양한 형태의 혁신적 제품들은 이러한 변화의 상징이다. 그러나 이러한 발전과 함께 우리가 주목해야 할 과제들도 있다. 개인 정보 보호, 배터리 용량 한계, 사용자 수용성 이슈 등이 그것이다. 이 중 사용자 수용성이란 새로운 기술, 제품, 서비스를 사용자가 기꺼이 받아들이고 사용하려는 정도를 나타내는 개념이다. 예를 들어 처음 스마트폰이 등장했을 때 많은 사람이 큰 화면과 터치스크린에 회의적이었지만 점차 그 편리함과 기능성을 인식하면서 스마트폰의 사용이 일반화되었다. 이는 사용자 수용성이 높아질수록 제품이 사용자의 기대에 부응하며 사용하기 쉽고 유용하다는 것을 의미한다. 따라서 웨어러블 디바이스의 발전과 확산을 위해서는 기술의 혁신뿐만 아니라 사용자가 쉽게 받아들일 수 있도록 직관적인 디자인, 사용 편의성, 명확한 가치 제공 등이 함께 고려되어야 한다. 이는 웨어러블 기술이 단순한 유행을 넘어 실제로 우리의 삶에 깊이 뿌리내리게 하는 중요한 요소가 될 것이다.

## 웨어러블 디바이스 대중화를 향한 기대

AI 기능을 주요 장점으로 내세운 웨어러블 디바이스들이 속속 출시되는 추세다. 애플 워치, 삼성 갤럭시 워치, 그리고 각종 피트니스 밴드 제품이 시장을 선도하지만, 이들 기기의 대중화를 위해서 여전히 해결해야 할 과제가 있다. 그중 가장 중요한 것이 개인 정보 보호 문제다. 웨어러블 기기는 광범위하고 민감한 개인 정보를 실시간으로 수집한다. 건강 데이터, 일정, 연락처, 위치 정보, 일상 습관, 심지어 감정 상태까지 포함된다. 기기 보급이 급속도로 확대되면서 이러한 정보의 보안 문제가 사회적 이슈로 부각된다. 그러나 웨어러블 기기의 보안은 취약한 경우가 많다. 이는 웨어러블 기기가 상대적으로 저가이고 한정적인 컴퓨팅 자원을 가진 탓에 통신 데이터 암호화나 안전한 인증 방식이 충분히 적용되지 못하는 경우가 잦기 때문이다. 이러한 취약점은 쉽게 해커들의 표적이 된다. 기기 간 데이터 전송 시 데이터를 가로채거나 데이터의 위변조가 가능한 것이다.

2024년 호주 찰스다윈대학교 연구팀의 실험 결과는 이런 우려를 현실로 보여 주었다. 연구팀이 해커들이 사용하는 방식으로 시중 제품들을 테스트했는데 결과는 충격적이었다. 기기의 정보를 쉽게 훔쳐볼 수 있었고 저장된 데이터도 마음대로 조작할 수 있었다. 이러한 취약점의 영향은 개인을 넘어 더 큰 규모의 위험으로 이어질 수도 있다. 예를 들어 기업 CEO나 정부 고위 관료의 웨어러블 기기가 해킹된다면 민감한 기업 정보나 국가 기밀이 유출될 수도 있는 것이다. 이는 단순한 개인 정보 유출을 넘어 기업의 경쟁력이나 국가 안보에 심각한 위협이 될 수 있다.

대중화를 위해 해결해야 할 또 다른 과제는 개인 정보 데이터의 무분별한 수집과 공유다. 많은 웨어러블 기기들이 사용자의 명시적 동의 없이 광범위한 데이터를 수집하고 이를 제3자와 공유하는 경우가 빈번하다. 또한 수집된 데이터의 소유권 문제도 불분명하다. 사용자가 생성한 데이터임에도 불구하고 많은 경우 기기 제조 업체나 서비스 제공자가 이를 소유하고 활용하는 권리를 가지는 경우가 많다. 복잡하고 긴 이용 약관도 문제다. 대부분의 사용자는 이러한 약관을 제대로 읽지 않고 동의하게 되며 이로 인해 사용자들은 자신의 데이터가 어떻게 수집되고 어디에 사용되는지 정확히 알지 못한 채 개인 정보를 제공하게 된다.

이러한 문제들을 해결하기 위해서는 다각도의 접근이 필요하다. 기술적 측면에서는 데이터 전송 및 저장 시 고급 암호화 기술을 의무적으로 적용해야 한다. 특히 웨어러블 기기로부터 스마트폰을 거쳐 서버까지 가는 데이터 전체 경로를 커버하는 종단 간 암호화가 필요하다. 이를 통해 데이터 생성 시점부터 서버 저장 시점까지 완벽하게 보호되어야 한다. 또 다단계 인증이나 생체 인증 등 보안성 높은 인증 메커니즘을 도입하여 해킹에 의한 접근을 원천 차단해야 한다. 데이터로부터 개인 정보를 숨기는 익명화와 개인을 특정할 수 없게 만드는 비식별화 기술의 적용도 중요하다. 즉 제품 설계 단계부터 개인정보 보호를 고려한 '프라이버시 중심 설계 PbD, Privacy by Design' 원칙을 의무화해야 한다. 데이터 최소화 원칙도 중요하다. 기기 작동에 꼭 필요한 데이터만 수집하고 저장하도록 하여 불필요한 개인 정보 노출을 최소화해야 한다. AI가 데이터 분석에 다양하게 적용되면서 일상생활과 업무 면에서 편리함이 늘었지만 적은 양의 개인 정보 데이터로도 AI 분석을 통해 더 많은 정보를 추론해서 알아낼 수 있는 위험성도 같이 존재하기 때문이다.

국제적인 협력도 중요해질 전망이다. 웨어러블 기기와 그 데이터는 국경을 넘나들기 때문에 개인 정보 보호를 위한 국제 표준과 시스템을 마련하는 것이 필수적이다. 이를 위해 각국 정부, 국제기구, 기업 간의 긴밀한 협력과 논의가 이루어져야 한다. 웨어러블 기기 제조 업체들도 지금까지 와는 달리 더욱 적극적인 자세가 필요하다. 단순히 법규를 준수하는 수준을 넘어 개인 정보 보호를 핵심 가치로 삼고, 이를 마케팅 포인트로 활용하는 등의 전략적 접근이 요구된다.

웨어러블 기기의 확산을 가로막는 근본적인 문제 중 다른 하나는 저용량 배터리에 기인하는 에너지 효율성 문제로 현재 눈부신 하드웨어의 기술 발전에도 불구하고 여전히 중요한 과제다. 웨어러블 기기에 새로운 기능을 추가하면 가용 자원이 제한적인 웨어러블의 전력 소비가 증가한다. 따라서 에너지 소비를 중점적으로 관리하면서도 충분한 기능과 성능을 구현하는 것이 웨어러블의 핵심 가치 중 하나다. 이 전력 효율성 문제는 웨어러블 기기의 사용성과 보급에 큰 장애물로 작용하고, 특히 24시간 연속 모니터링이 필요한 의료용 웨어러블 기기에서 더욱 심각한 문제로 대두되는 중이다. 이러한 문제를 해결하기 위해 다양한 연구가 진행되며 주요 연구 분야로 배터리 기술 발전, 에너지의 효율적인 센싱 방법 개발, 에너지 하베스팅 Harvesting 등이 있다.

에너지 효율성과 관련된 기술 발전은 헬스 케어, 스포츠, 산업 분야 등에서 혁신적인 웨어러블 응용 개발을 가능하게 할 것이다. 예를 들어 의료 분야에서는 24시간 연속 모니터링이 가능한 웨어러블 기기가 만성 질환 관리와 조기 진단에 큰 도움을 줄 수 있다. 스포츠 분야에서는 장시간 지속되는 경기나 훈련 중에도 끊김 없이 운동 데이터를 수집하고 분석할 수 있게 되어 선수들의 성능 향상과 부상 예방에 기여하는 것도 가능하다. 산업 현장에서는 작업자의 안전과 생산성을 모니터링하는 웨어러블 기기가 더 오랜 시간 동안 안정적으로 작동할 수 있게 되어 작업 환경 개선과 사고 예방에 도움이 될 것이다. 더 작은 배터리가 가능해지면 웨어러블 기기의 디자인과 형태에도 큰 영향을 미칠 것이고 배터리 사용량과 교체 빈도가 줄어들면서 전자 폐기물 발생을 줄여 환경적으로도 도움이 된다.

앞서 언급한 웨어러블 기기 대중화 과제들의 해결을 가속하는 것이 바로 AI 기술의 적용이다. AI는 웨어러블 기기를 과거 단순한 데이터 수집 도구에서 스마트한 동반자로 빠르게 변모시키고 있다. 웨어러블 기기는 AI를 통해 기기 동작 데이터를 실시간으로 분석하여 배터리를 절약하면서 최적의 성능을 낼 수 있고, 사용자 데이터를 실시간으로 분석하여 개인화된 정보와 제안을 사용자에게 제공할 수 있다. 또 시리, 알렉사, 구글 어시스턴트와 같은 다양한 AI 기반 도우미 서비스의 통합을 통해 사용자가 음성으로 기기를 편리하게 제어하고 다양한 작업을 빠르게 수행할 수 있다. 예를 들어 피트니스 트래커는 AI를 활용해 사용자의 활동 패턴을 추적하고 맞춤형 운동 계획을 제안하며 이를 사용자와 음성으로 상호작용하여 더욱 직관적이고 편리한 사용자 경험을 제공한다.

웨어러블 분야에서 AI 기술과 관련 서비스는 사용자의 정보와 선호도를 학습해서 지속적으로 발전하며 헬스 케어, 의료, 스포츠, 재활, 엔터테인먼트, 스마트 홈 등 다양한 분야에서 활용되는 중이다. 이는 앞으로 AI 기술의 발전에 힘입어 더욱 확대될 것이다. 특히 헬스 케어와 의료 분야에서의 발전이 눈에 띈다. 헬스 케어 분야에서 삼성전자의 갤럭시 링 등 심박수, 혈압, 산소 포화도, 수면 품질 등을 감지하고 분석하는 제품들이 속속 출시될 예정이고, 의료 분야에서 심부전, 당뇨병, 심혈관 활동 등의 주요 요인을 모니터링하는 기기들이 다양하게 개발되는 추세다. 이처럼 당분간 웨어러블 기기는 건강을 다각도로 체크하고 진단하는 니즈를 중심으로 발전할 것이며 향후에는 XR 기기의 컨트롤러나 TV 등의 가전 기기용 리모컨을 대체하는 등의 더 다양한 분야에도 확장 적용될 것으로 전망된다.

Chapter 4

# 01

C-커머스의
침공과
K-커머스의
반격

# 300조 한국 유통 시장 노리는 C-커머스가 온다

종로에서 꿈을 펼치고 있는 30대 직장인 A씨는 국내 시장에서 20만 원 이상의 고가로 판매되는 무선 이어폰을 알리익스프레스에서 단돈 5만 원에 구매하는 기분 좋은 경험을 했다. 배송에 일주일가량 소요되었으나 그 놀라운 가성비에 A씨의 만족도는 하늘을 찌를 듯했다. 한편, 20대 대학생 B양은 명품 브랜드 향수를 테무에서 정가의 20%라는 파격적인 가격에 구매했다. 배송 과정에서 포장이 조금 훼손되는 아쉬움이 있었으나 제품은 진품으로 확인되어 행복한 쇼핑 경험으로 마무리됐다.

이렇듯 가격 대비 성능을 중시하는 '가성비' 소비 트렌드가 빠르게 확산되면서 C-커머스China commerce 플랫폼은 소비자들의 새로운 쇼핑 성지로 급부상하고 있다. 특히 디지털 네이티브인 MZ세대를 중심으로 C-커머스를 통한 해외 직구가 대세로 자리 잡는 상황이다. '합리적인 가격'과 '신속한 배송'이라는 MZ세대의 니즈를 정확히 파악한 중국발 C-커머스 플랫폼들은 폭발적인 인기와 함께 눈부신 성장을 기록 중이다. 이제 C-커머스는 단순히 새로운 쇼핑 플랫폼 출현이라는 개념을 넘어 국내 이커머스 시장 전반에 지각 변동을 일으키고 있다.

2024년 1월 글로벌 시장 조사 업체 센서타워가 발표한 자료에 따르면 전 세계 주요 이커머스 앱의 월간 이용자 수 상위 10개 중 7개가 중국 이커머스 앱으로 나타났다. 이들의 세계 시장 점유율은 26%에 달한다. 특히 눈에 띄는 것은 테무와 쉬인의 성적이다. 불과 1년 만에 글로벌 4위로 올라선 테무는 프랑스, 독일, 영국 등 유럽의 주요 국가에서 1위 자리를 차지했다. 패션 특화 플랫폼 쉬인 역시 5위에 오르며 글로벌 선두 그룹에 진입했다. 알리익스프레스, 테무, 쉬인으로 대표되는 C-커머스 플랫폼들은 초저가 전략으로 무장하고 세계 시장을 휩쓸며 폭풍 성장을 거듭하고 있다.

미국 시장도 C-커머스의 공세가 거세다. 관세 면제 혜택을 받는 800달러 미만 소포 물량이 2023년 10억 개가 넘어 2019년의 두 배 수준으로 성장했는데 그 중 3분의 1이 테무 또는 중국의 패스트패션 브랜드인 쉬인의 택배였다. 이러한 택배 물량 폭증은 미국의 물류 기업 페덱스의 실적을 끌어올리기도 하고 온라인 광고 폭탄으로 메타의 주가를 뛰게 만들기도 했다. 테무는 2022년 9월 해외 시장 중 처음으로 미국에 앱을 론칭한 뒤 불과 1년 반 만에 남아프리카공화국 포함 50개국 이상으로 영역을 넓혔다. 테무의 성공 비결은 단순하다. 바로 가격이다. 다른 경쟁사는 물론 소비자의 기대치마저 뛰어넘는 초저가의 구현이 바로 그것이다.

국내 시장도 C-커머스 기업들이 빠르게 침투하고 있다. 그 중심에는 초저가 전략과 공격적인 마케팅을 앞세워 국내 소비자들을 사로잡고 있는 알리익스프레스가 있다. 알리익스프레스는 2023년 한국 시장에 대한 공격적인 투자를 단행하며 저가 상품 라인업을 대폭 확충했다. 'K-베뉴'라는 이름의 한국 전용관을 오픈해 신선식품과 국내 대기업 제품 등을 입점시키는 등 오픈 마켓 사업에도 진출한 상황이다. 또한 한국 전용 물류센터 구축과 국내 물류 기업과의 전략적 제휴를 통해 배송 리드타임을 최소 3~5일로 단축시키는 성과를 거뒀다. 테무 역시 2023년 7월 '억만장자처럼 쇼핑하라'는 도발적인 슬로건과 함께 한국 시장에 첫발을 내디뎠다.

2024년 6월 앱/리테일 분석 서비스인 와이즈앱·리테일·굿즈가 발표한 국내 종합몰 앱 사용자 순위 자료에 따르면 알리익스프레스는 837만 명, 테무는 823만 명으로 1위인 쿠팡의 3,120만 명에 이어 2, 3위를 차지했다. 알리익스프레스, 테무 등은 한국 진출 후 지속적으로 사용자 수가 크게 증가한 반면 11번가, G마켓, 티몬, 위메프 등은 사용자 수가 급감하며 4~7위를 기록했다. 특히 종합몰 앱 순위 6위와 7위를 차지하고 있는 티몬과 위메프는 2024년 7월 현금 유동성 문제를 일으키며 입점 셀러들에게 정산금을 지급하지 못하는 정산 지연 사태를 일으켜 이커머스 시장에 큰 충격을 주었다. 티몬과 위메프의 모회사인 큐텐 그룹이 현금 유동성을 해결한다 해도 시장의 신뢰가 바로 회복될지 미지수다. 이미 많은 셀러들은 티몬과 위메프에서의 판매를 중단했고 환불 지연 피해를 입은 소비자들의 신뢰도 잃었기 때문이다. 결국 국내 커머스 시장은 쿠팡과 네이버 그리고 C-커머스의 경쟁으로 압축되는 형국이 되고 있다.

C-커머스의 급부상은 국내 이커머스 업계에 상당한 충격을 주고 있다. 가성비를 추구하는 소비자들이 저렴한 가격을 무기로 내세운 C-커머스 플랫폼으로 빠르게 이동하면서 기존 업체들의 고객층이 잠식되고 있기 때문이다. 특히 가격 경쟁력이 상대적으로 뒤처지는 중소 이커머스 업체들의 타격이 심각한 수준이다. 자본력과 규모의 경제 면에서 중국 업체들을 따라잡기 어려운 상황에서 이들은 고객 이탈을 막기 위해 고군분투하는 중이다.

C-커머스 업체들의 압도적인 가격 경쟁력은 해외 직접 구매 모델에 기반을 둔다. 이들은 중간 유통 단계를 과감히 생략하고 중국 현지의 제조 업체와 소비자를 직접 연결하는 방식인 C2M Consumer to Manufacturer 모델을 앞세워 압도적인 가격 경쟁력을 자랑한다. 복잡한 유통 구조로 인해 발생하는 추가 비용을 제거함으로써 국내 이커머스 업체들이 도저히 따라갈 수 없는 수준의 초저가를 실현하는 것이다. 여기에 더해 중국 내수 시장의 부진으로 재고가 쌓이면서 상품들이 헐값에 풀리는 상황도 C-커머스 기업들에게 유

리하게 작용하고 있다. 재고 부담을 안고 있는 중국 제조사들로서는 해외 판로 개척을 위해 C-커머스 플랫폼과의 협력을 강화할 수밖에 없기 때문이다. C-커머스의 초저가 전략은 단순히 가격 경쟁력뿐 아니라 유통 구조 혁신을 통한 비용 절감이 핵심 동력이라 할 수 있다. 기존의 복잡하고 비효율적인 유통 구조를 혁파하고 직구 모델을 정착시킴으로써 가격 파괴력을 극대화하고 있는 셈이다.

이제 C-커머스는 한국인들이 가장 많이 이용하는 해외 커머스 플랫폼이 됐다. 통계청이 발표한 온라인 쇼핑 동향에 따르면 2023년 온라인 해외 직구액은 6조 7,567억 원으로 전년 대비 26.9% 증가했다. 이는 2014년 이후 두 번째로 높은 증가율이다. 온라인 직접 구매액은 그동안 매년 두 자릿수 성장세를 보여 왔으나 2022년에는 고환율 여파로 증가율이 4.1%로 축소되었다. 그러나 2023년에는 환율 안정과 전년도 기저 효과 등으로 인해 다시 성장세로 돌아섰다. 특히 알리익스프레스와 테무 등 C-커머스 기업들이 국내 시장에서 빠르게 영향력을 확대하면서 중국 대상 직구액이 급증한 점이 주효했다. 실제로 중국 직구액은 1년 만에 121.2% 증가한 3조 2,873억 원을 기록했고, 1조 8,574억 원에 그친 미국 직구액을 제쳤다.

국내 이커머스 업체들 간의 치열한 경쟁에 C-커머스 기업들과 아마존 등 미국 기업들까지 가세하면서 한국은 글로벌 이커머스

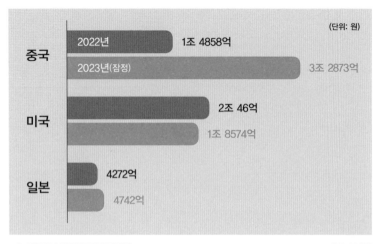

(단위: 원)

**중국**
2022년　1조 4858억
2023년(잠정)　3조 2873억

**미국**
2조 46억
1조 8574억

**일본**
4272억
4742억

→ 온라인쇼핑 해외 직구 거래액　　　　　　　　　출처: 통계청

기업들의 각축장이 되고 있다. 특히 C-커머스 기업들에게 한국은 가장 중요한 시장이다. 우선 중국과 지리적으로 가깝고, 인터넷 보급률이 높으며 물류 인프라가 잘 갖춰져 있다. 고도의 IT 기술력과 함께 트렌드에 민감하고 구매력 있는 인구가 수도권에 집중되어 배송 효율성이 높은 점도 강점으로 작용한다. 온라인 쇼핑 시장의 규모도 상당하다. 지난해 국내 온라인 쇼핑 시장 규모는 227조 원으로 역대 최고치를 기록했으며 글로벌 기준으로는 미국, 중국, 일본, 영국에 이어 5위를 차지했다. 한국 시장은 C-커머스 기업들에게 글로벌 진출을 위한 최적의 테스트 베드가 될 수 있는 환경을 갖춘 셈이다. 더불어 C-커머스 기업들의 한국 진출은 전 세계적으로 인기가 높아지는 K-상품을 플랫폼에 탑재하기 위한 전략적 선택이

기도 하다. K-뷰티와 K-패션 등 한국 상품의 경쟁력을 활용해 글
로벌 소비자들을 공략하려는 것이다.

    C-커머스 플랫폼들의 파상공세에 한국 소비자들의 반응은 폭발
적이다. 과거 해외 직구는 별도의 배송대행 서비스를 거쳐야 했고
배송 기간도 최소 10일에서 한 달 이상 소요되는 등 불편함이 뒤
따랐다. 그러나 알리익스프레스와 테무는 완벽한 한국어 지원, 간
편한 주문 절차, 국내 주요 결제 플랫폼 연동 등을 통해 쇼핑 편의
성을 획기적으로 개선했다. 마치 국내 쇼핑몰을 이용하듯 손쉽게
해외 직구를 즐길 수 있게 된 것이다. 이는 가격 메리트를 넘어 편
리함을 추구하는 한국 소비자들의 니즈를 정확히 파고든 전략이
다. 알리익스프레스는 한국에 3년간 약 1조 5,000억 원을 투자하
고 약 2,600억 원을 들여 18만$m^2$ 규모의 대형 물류센터를 구축한
다는 계획을 발표했다. 매각을 추진 중인 국내 커머스 기업을 인수
할 수 있다는 관측도 나온다.

    C-커머스의 국내 시장 점유율이 빠르게 확대되고 있는 가운데
배송 지연, 제품 불량, 과대광고, A/S 문제 등 소비자 불만 사례가
증가하면서 우려의 목소리도 높아지고 있다. 이러한 상황 속에서
C-커머스가 과연 국내 시장 점유율을 더 높일 수 있을 것인지, 취
약점은 없는지에 대해 많은 이들의 관심이 집중되고 있다. 최신 커
머스 트렌드를 제공하는 오픈서베이는 2024년 4월 발간한 〈온라

인 쇼핑 트렌드 리포트)를 통해 국내 대표 이커머스 플랫폼인 쿠팡과 네이버, 그리고 C-커머스의 선두 주자인 알리익스프레스와 테무 사용자들의 구매 행태와 만족도를 심층적으로 분석했다. 조사 결과에 따르면 쿠팡과 네이버에서는 주로 생활용품과 식료품 구매가 활발한 반면 알리익스프레스에서는 사무/문구/취미용품, 테무에서는 패션 제품 구매가 상대적으로 높은 비중을 차지하는 것으로 나타났다. 또한 알리익스프레스와 테무는 저렴한 가격과 수입 상품 구매 편의성이 공통 만족 요인이었지만 배송 속도와 포장/배송 상태, 상품 품질 등은 두 플랫폼 모두의 주요 불만 사항이었다.

C-커머스의 국내 시장 주력 상품이 저가 의류, 화장품, 사무/문구류 등으로 집중되면서 쿠팡이나 네이버에 입점한 셀러들 외에도 이러한 품목을 취급하는 재래시장 소상공인들 또한 직접적인 타격을 받을 것이라는 우려도 제기되고 있다. C-커머스의 급속한 성장이 국내 시장 전반에 영향을 미치고 있는 셈이다. C-커머스의 점유율 확대가 소비자들에게 더욱 저렴한 가격과 다양한 상품 선택지를 제공하고 시장 경쟁을 촉진한다는 순기능도 있지만, 영세 셀러들의 매출 감소와 소비자 보호 이슈 등 부작용에 대한 경계도 필요한 상황이다.

그러나 알리익스프레스와 테무로 대표되는 C-커머스의 공세적 행보가 국내 이커머스 기업들에게 위기인 동시에 새로운 기회가 될 수도 있다는 시각도 있다. 가격 경쟁력에서는 C-커머스에 밀릴 수

밖에 없지만 품질과 서비스, 배송 속도 등 비가격적 요소에서의 차별화를 통해 고객 충성도를 높이는 전략이 유효할 수 있기 때문이다. 일례로 쿠팡은 그간 점유율을 확대하면서 독과점 논란에서 자유롭지 못했으나 C-커머스와의 경쟁 구도 속에서 오히려 이러한 이미지를 탈피하고 건전한 시장 경쟁자로서의 입지를 다지는 기회를 맞을 수도 있다. 또한 C-커머스의 국내 시장 진출은 초국경 전자상거래, 이른바 크로스보더 Crorss-Border 이커머스 시장의 급성장을 견인하는 계기가 될 가능성도 있어 국내 기업들에게도 해외 시장 진출의 새로운 교두보를 제공할 수 있다.

C-커머스의 약진으로 촉발된 이커머스 시장의 격변 속에서 쿠팡, 네이버, 11번가, G마켓 등 국내 주요 이커머스 기업들은 어떠한 차별화 전략과 혁신으로 맞대응할지 관심이 주목되는 시점이다. 단기적 매출 확보에 급급하기보다 고객 만족도 제고와 서비스 품질 강화에 방점을 둔 장기적 시각의 전략이 필요하다. 변화하는 시장 환경에 선제적이고 능동적으로 대처하는 자세 또한 필수적이다. 아울러 정부는 C-커머스 기업들의 급격한 점유율 확대로 급변하는 국내 이커머스 생태계에서 중소상공인과 소비자 보호를 위한 제도적 장치를 지속적으로 마련해 나가야 할 것이다. 공정한 경쟁이 담보되고 상생의 가치가 구현되는 선진적인 유통 시장을 구축하기 위한 노력이 병행될 때 C-커머스의 성장이 국내 시장에 긍정적인 혁신과 변화의 바람을 불러올 수 있을 것이다.

# 저무는 오픈 마켓의 시대

C-커머스의 침공으로 국내 이커머스 시장의 판도가 급격히 변화하는 가운데 2024년 7월 업계를 뒤흔드는 사건이 발생했다. 티몬과 위메프의 정산대금 지연 사태가 터진 것이다. 초기에는 일부 자금 수혈로 해결될 수 있다는 희망이 있었지만 불과 며칠 만에 두 기업은 기업회생 신청을 하기에 이르렀다. 한 달 전만 해도 대형 커머스 플랫폼들이 순식간에 회생 불능 상태로 빠질 거라고는 누구도 예측하지 못했다. 하지만 실상을 보면 위기의 징후는 이미 존재했다. 금융감독원 전자공시시스템에 의하면 티몬은 2022년 기준 자본총계가 무려 -6,386억 원으로 완전 자본잠식 상태였고, 2024년 4월에 내야 할 감사보고서도 제출하지 못한 상황이었다. 더욱이 2023년 말 티몬과 위메프의 모기업인 큐텐의 일부 미정산 사태가 발생한 바 있다. 이번 사태의 전조 현상이었던 셈이다.

결과적으로 이번 사태는 갑작스러운 유동성 위기가 아니라 오픈 마켓 비즈니스 모델의 근본적인 문제점이 누적되어 드러난 사건으로 볼 수 있다. 특히 오픈 마켓들이 건전한 기업 성장 지표는 무시한 채 오로지 거래액 증대에만 집착한 것이 이번 사태의 핵심 원인으로 지목된다. 그동안은 손실이 나더라도 거래액으로 기업 몸집만 키울 수 있다면 대규모 투자 유치를 할 수 있었고, 이를 바탕으로 기업 인수 합병 시장에서 기업 가치를 높이 평가받으며 매각에 성공한 사례들이 존재했기 때문이다.

거래액 중심 전략의 근간에는 셀러들의 판매대금을 60일 이상 늦게 지급하는 정산 주기 문제가 자리 잡고 있다. 계속 늘어나는 적자를 정산 주기를 이용해 버티는 방식이다. 불안정한 방식임에도 불구하고 이커머스 시장의 지속적인 성장과 거래액 확대로 인해 지금까지 자금 흐름을 유지하고 투자를 유치할 수 있었다. 그러나 결국 오픈 마켓의 기업 규모 키우기 방식은 재무 건전성을 등한시하게 만들었고, 정산금 지연이라는 심각한 문제를 초래했다. 이는 단기적인 외형 확장에 치중한 나머지 장기적인 기업 안정성을 간과한 결과로 볼 수 있다.

이번 사태의 주인공인 큐텐 그룹은 G마켓의 성공 신화를 이끈 구영배 대표와 이베이가 싱가포르에 설립한 이커머스 기업이다. 큐텐은 최근 2년간 공격적인 인수 합병을 진행했다. 2022년 9월 티몬을 시작으로 2023년 3월 인터파크쇼핑, 4월 위메프, 2024년 2월 위시, 3월 AK몰을 연달아 인수했다. 이 과정에서 특히 미국의 커머스 플랫폼 위시 인수에 2,300억 원을 투자한 것으로 알려졌다. 급격한 확장은 큐텐 그룹 전체의 적자 규모를 키웠고, 위시의 인수대금 지급으로 내부 자금난도 가중됐다. 큐텐은 이러한 상황을 타개하기 위해 계열 커머스 플랫폼들의 규모를 키웠다. 물류 계열사인 큐익스프레스의 나스닥 상장을 통해 누적된 적자를 일거에 해결하려 한 것으로 보인다.

이 과정에서 티몬과 위메프는 2024년 상반기에 걸쳐 환금성이 높은 상품권을 대량 발행해 할인 판매를 진행했다. 현금 유입을 늘리는 확대 전략을 쓴 것이다. 수백억 원 규모의 상품권을 소비자에게 할인 판매하고 그렇게 확보한 자금을 약 60일 동안 운용하는 일종의 돌려막기 전략이다. 그러나 상품권 할인 판매를 통한 돌려막기 전략은 일시적으로 현금 유입을 늘릴 수는 있었지만 근본적인 내부 자금난을 해결하기에는 역부족이었다. 결국 상황은 셀러들에게 정산금을 제때 지급하지 못할 정도로 심각하게 악화되었다. 이번 사태의 파장은 국내 이커머스 시장 전체로 확산되고 있다. 큐텐 계열사인 티몬, 위메프, 인터파크의 파트너사는 6만 개에 달하며, 이 세 기업의 2023년 연간 거래액이 약 7조 원에 이른다는 점을 고려하면 그 영향력의 규모를 가늠할 수 있다.

큐텐이 무리한 확장 전략을 택한 배경에는 복합적인 요인이 있다. 우선 국내 이커머스를 독점하고 있는 쿠팡과의 경쟁이 한 축을 이룬다. 여기에 C-커머스의 공세에 대응해야 하는 압박도 작용했다. 국내 이커머스 시장이 지속적으로 성장했음에도 불구하고, 성장 점유율 대부분을 쿠팡이 가져가는 상황에서 C-커머스까지 침투하자 티몬과 위메프의 거래 규모는 계속 줄어들었다. 이러한 상황에서 큐텐은 자회사인 큐익스프레스의 안정적인 나스닥 상장을 위해 거래 규모 확대가 절실했다. 이에 미국의 커머스 플랫폼 위시를 인수하는 과감한 선택을 하게 된다. 인수 당시 위시는 혜성처럼 등장한 테무와 '중국산 저가 제품 판매'라는 비즈니스 모델이 겹쳐 수익성이 급격히 악화된 상태였다. 2021년 40조 원에 달하던 위시의 기업 가치는 2,300억 원까지 폭락했다. 그럼에도 불구하고 큐텐은 그룹의 전체 거래 규모를 늘리기 위해 자금력이 부족한 상태에서 무리하게 위시 인수를 추진했다. 이 과정에서 할인 상품권 발행 등으로 조달한 자금을 위시 인수에 투입하는 위험한 선택을 하게 된 것이다. 이 모든 과정이 결국 현재의 위기 상황을 초래하는 주요 원인으로 작용했다.

티몬과 위메프의 위기가 확산되면서 다른 오픈 마켓 플랫폼들도 긴장 상태에 돌입했다. G마켓, 11번가 등은 할인 쿠폰 발행을 줄이고 수익성 개선에 집중하는 전략으로 선회했다. 하지만 이러한 전략은 이용자 수 감소라는 문제에 직면하게 만들었다. 와이즈앱·리테일·굿즈의 조사 결과에 따르면 11번가의 경우 2023년 7월 900만 명을 웃돌던 월간 활성 이용자 수가 2024년 7월에는 733만 명으로 급감했다. G마켓 역시 같은 기간 636만 명에서 520만 명으로 이용자가 줄어들었다. 반면 쿠팡은 2,907만 명에서 3,166만 명으로 오히려 이용자가 증가하는 대조적인 모습을 보였다. 이용자 수 변화는 오픈 마켓의 위기가 단순히 개별 기업의 문제를 넘어섰음을 시사한다. 오픈 마켓이라는 비즈니스 모델 자체의 한계가 드러나고 있다는 징후로 해석될 수 있다.

오픈 마켓 모델은 적은 투자로도 큰 거래액을 창출할 수 있다는 장점 때문에 이커머스 시장 초기부터 빠르게 성장했다. 그러나 이 모델은 거래액에 따른 수수료가 주 수입원이기 때문에 실제 매출액은 상대적으로 작았다. 또한 시장에서 선두권에 들지 못하면 만성적인 적자에 시달리는 경우가 많았다. 이러한 구조적 특성으로 인해 오픈 마켓들은 지속적인 성장과 수익성 확보 사이에서 균형을 잡는 데 어려움을 겪었다. 할인 정책으로 이용자를 유치하면 수익성이 악화되고, 수익성 개선에 집중하면 이용자 이탈이 발생하는 딜레마에 빠진 것이다. 이는 오픈 마켓 모델이 현재 이커머스 시장의 변화된 환경에 적응하는 데 어려움을 겪고 있음을 보여 주는 단적인 예라고 할 수 있다.

이번 사태는 오픈 마켓 기업들에게 뼈아픈 교훈을 주었다. 단기적인 거래액 증대에 집중하는 전략은 더 이상 유효하지 않다. 이제는 지속 가능한 수익 모델 구축과 차별화된 서비스 제공이 이커머스 시장에서 생존하기 위한 핵심 요소가 될 것이다. 실제로 해외 시장을 살펴보면 오픈 마켓 사업만으로 이커머스 시장을 장악한 사례는 드물다. 미국의 아마존은 직매입을 기본으로 하며 상품 마진을 통해 수익을 창출한다. 오픈 마켓은 제한적으로만 운영하며 주로 재고 부담이 크거나 해외 수입이 어려운 상품에 한정한다. 중국의 알리바바는 더욱 다각화된 전략을 구사한다. 오픈 마켓뿐만 아니라 직매입, B2B, C2C, 물류, 역직구, 직구 등 이커머스의 거의 모든 영역을 아우르고 있다. 최근 급부상한 테무는 제조 공장과 소비자를 직접 연결하는 M2C 모델로 새로운 패러다임을 제시하고 있다.

재무적 건전성과 지속 가능한 성장 모델 구축의 중요성도 커졌다. 과도한 할인 정책과 무리한 확장으로 인한 재무 위기는 기업의 존폐를 위협할 수 있다는 점이 이번 사태를 통해 여실히 드러났다. 이러한 글로벌 트렌드는 국내 오픈 마켓들에게 중요한 시사점을 던진다. 쿠팡의 로켓배송과 같은 혁신적인 서비스가 시장에서 주목받는 이유도 여기에 있다. 이제는 단순한 가격 경쟁을 넘어 고객에게 새로운 경험과 가치를 제공하는 것이 필수가 된 것이다.

티몬과 위메프의 위기로 촉발된 오픈 마켓 플랫폼의 붕괴는 국내 이커머스 시장의 대대적인 변혁을 예고하고 있다. 단순한 위기 신호를 넘어, 업계 전반의 패러다임 전환을 요구하는 전환점이 될 것으로 보인다. 앞으로 이커머스 기업들에게는 소비자의 진화하는 니즈를 예리하게 포착하고 이에 부응하는 혁신적 서비스를 선보이는 것이 생존의 핵심 과제가 될 것이다. 이와 맞물려 소비자들의 구매 행태도 큰 변화를 맞이할 전망이다. 소비자들은 단순히 가격만을 비교하던 과거의 패턴에서 벗어나 플랫폼의 재무 건전성과 신뢰도를 중요한 선택 기준으로 삼게 될 것이다. 또 여러 플랫폼을 동시에 활용하면서 단순한 할인 혜택을 넘어 진정한 가치 소비를 추구할 것으로 보인다. 이와 함께 소셜 커머스, 라이브 커머스, AR/VR 기반의 가상 쇼핑, AI가 제공하는 개인화 서비스, 숏폼 커머스 등 혁신적인 커머스 플랫폼을 향한 관심도 크게 증가할 것이다.

변화의 물결 속에서 국내에서는 특정 분야에 특화된 버티컬 커머스가 새로운 대안으로 부상하고 있다. 무신사와 에이블리, 컬리, 오늘의집 등이 버티컬 이커머스 모델로 주목받고 있다. 다만 이들 기업 역시 대부분 적자 상태이거나 간신히 흑자로 돌아선 상황이라 지속 가능한 수익 모델 구축이 시급한 과제로 남아 있다.

이번 사태는 이커머스 시장이 단순한 가격 경쟁에서 탈피하여, 신뢰와 가치를 중심으로 한 새로운 생태계로 진화하는 계기가 될 것이다. 이 과정에서 기존 기업들의 과감한 혁신과 새로운 플랫폼들의 창의적인 도전이 어우러져 국내 이커머스 시장은 더욱 성숙하고 다양한 모습으로 발전해 나갈 것으로 예상된다. 이는 C-커머스 침공과 비즈니스 모델의 위기 극복을 넘어 한국 이커머스 산업의 새로운 도약을 위한 중요한 전환점이 될 것이다.


## K-커머스의 반격


미국의 이커머스 기업 엣시는 C-커머스의 저가 공세에 맞서 프리미엄 전략으로 차별화에 성공한 사례로 꼽힌다. 엣시는 수공예품, 빈티지 상품, 독특한 디자인의 제품 등 개성 있고 희소성 높은 상품들을 전문적으로 취급하는 플랫폼이다. 대량 생산된 저가 상품으로 무장한 C-커머스와 정면 승부를 펼치기보다는 차별화된 상품 카테고리에 특화함으로써 가격 경쟁을 피해 갔다. 엣시가 집중한 것은 상품의 '독특성'과 '퀄리티'였다. 전 세계 190개국에서 모인 400만 명 이상의 셀러들은 엣시에서 자신만의 개성이 담긴 상품을 판매한다. 수제 공예품, 빈티지 액세서리, 디자이너 작품 등 엣시에서 판매되는 상품들은 희소성과 독창성으로 무장했다. 이는 C-커머스의 대량 생산 상품들과는 확연히 구분되는 지점이다.

또한 엣시는 까다로운 셀러 심사 과정을 통해 상품의 품질을 철저히 관리했다. 공산품이 대부분인 C-커머스 상품과 달리 엣시의 수공예품들은 높은 완성도와 독특한 가치를 인정받았다. 이러한 차별화 전략은 가격 감수성이 낮고 개성 있는 제품을 선호하는 MZ세대 소비자들을 사로잡는 데 성공했다. 엣시의 프리미엄 전략은 차별화된 플랫폼 콘텐츠로도 이어졌다. 단순한 상품 나열이 아닌 상품별 스토리텔링과 셀러와의 소통 채널을 마련함으로써 특별한 쇼핑 경험을 제공했다. 엣시의 프리미엄 전략은 C-커머스와의 저가 경쟁에서 벗어나 고객 가치 창출과 차별화에 주력할 때 지속 가능한 성장이 가능함을 보여 준 사례다.

실제로 엣시는 C-커머스의 공세 속에서도 꾸준한 성장을 기록

중이다. 2020년 기준 매출은 전년 대비 35% 증가한 17억 달러를 기록했고, 순이익은 3억 4,900만 달러로 전년 대비 264% 급증했다. 2023년에도 매출 247억 4,000만 달러를 달성하며 성장률은 둔화되었지만 여전히 상승곡선을 그리고 있다. 특히 엣시의 충성도 높은 고객층은 C-커머스 열풍 속에서도 지속적인 구매를 이어 가며 안정적인 수익원으로 자리매김했다. 엣시의 성공은 단순한 플랫폼의 승리를 넘어 이커머스 생태계의 건강성 증진에도 기여하고 있다. 수많은 개인 창작자, 소상공인, 중소기업들이 엣시를 통해 글로벌 시장에 진출하는 기회를 얻었기 때문이다. C-커머스의 침공 속에서도 엣시라는 대안적 유통 채널이 선순환 구조를 만들어 내고 있는 셈이다.

그렇다면 C-커머스의 시장 침공에 국내 커머스 기업들은 어떻게 대응하고 있을까? 국내 이커머스 기업들의 전략은 크게 쿠팡과 반쿠팡으로 나뉜다. 쿠팡은 충성도 높은 기존 고객층을 기반으로 멤버십 가격을 인상하며 투자 재원을 확보하는 데 주력하는 반면, 다른 기업들은 오히려 멤버십 가격을 낮추고 혜택을 강화하며 신규 고객 유치에 열을 올리고 있다. 멤버십의 경우 가입과 함께 락인 효과까지 얻을 수 있어 회사들이 집중하는 모양새다. 이와 함께 K-커머스 기업들은 단기적으로는 다양한 프로모션을 통해 구매자와 판매자 모두에게 실질적인 혜택을 제공하고, 중장기적으로는 상품 차별화와 배송 경쟁력 향상에 집중하는 전략을 구사하고 있다. 나아가 역직구 등을 통한 글로벌 시장 진출도 적극 모색 중이다. 초저가 전략으로 무장한 C-커머스에 맞서기 위해 K-커머스 기업들은 구매자와 셀러를 위한 지원책 마련에도 공을 들이는 모습이다.

국내 커머스 시장의 선두 주자인 쿠팡도 C-커머스 플랫폼들의 공세에 영향을 받고 있는 것으로 보인다. 쿠팡의 2024년 1분기 영업 이익은 531억 원 수준으로 전년 동기 대비 61%나 급감했다. 당기순손실은 318억 원으로 7분기 만에 적자로 돌아섰다. 직접적인 원인은 영국 명품 플랫폼 파페치를 인수한 영향이지만 C-커머스와의 출혈 경쟁 여파가 수면 위로 드러났다고도 볼 수 있다.

쿠팡이 C-커머스에 대항하는 핵심 무기는 단연 '로켓배송'이다. 2024년 3월 알리바바가 향후 3년간 한국 시장에 1조 5,000억 원을 투자하겠다고 선언하자 쿠팡은 곧바로 그 두 배 수준인 3조 원 규모의 투자 계획을 발표하고 2027년까지 로켓배송을 전국으로 확대하겠다고 공언했다. C-커머스의 공격적 행보에 위기감을 느낀 쿠팡이 투자 확대로 전략을 선회한 것으로 해석된다. 쿠팡은 계획된 적자에서 벗어나 본격적인 수익 창출 기조로 전환할 계획이었으나 중국발 초저가 공세에 다시 투자 드라이브를 건 형국이다. 특히 C-커머스가 중국산 저가 상품뿐 아니라 국내 제조 상품과 식품까지 아우르며 고객층을 빠르게 확장하자 쿠팡도 배송 경쟁력 강화에 사활을 걸게 된 것으로 보인다. 쿠팡은 우선 전국 주요 거점에 신규 물류 인프라 구축에 나선다는 계획이다. 경북 김천, 충북 제천, 부산, 경기 이천, 광주, 울산 등 8개 이상 지역에 AI 기반의 첨단 자동화 설비를 갖춘 대규모 물류센터를 세울 예정이다. 이를 통해 전국 단위 로켓배송망을 구축하고 C-커머스와의 배송 경쟁에서 우위를 점하겠다는 복안이다.

쿠팡은 C-커머스와의 경쟁에서 우위를 점하기 위해 실탄 마련에도 적극적으로 나섰다. 2024년 4월, 쿠팡은 '와우 멤버십'의 월 요금을 기존 4,990원에서 7,890원으로 58%나 대폭 인상했다. 이로 인해 쿠팡의 연간 유료 멤버십 수입은 8,388억 원에서 1조 3,260억 원 수준으로 크게 늘어날 것으로 예상된다. 가입자 이탈 우려에도 불구하고 과감한 인상을 단행한 것은 C-커머스와의 치열한 경쟁 속에서 투자 재원 확보가 시급한 상황임을 방증한다. 쿠팡은 멤버십 가격 인상을 통해 확보한 자금을 물류 인프라 확충에 투입해 배송 경쟁력을 한층 강화한다는 계획이다. 도서·산간 지역까지 아우르는 전국 단위 무료 배송망을 구축해 3년 내 대한민국 전역을 '쿠세권'으로 만들겠다는 야심찬 계획을 발표했다.

물류 인프라 확대 외에도 쿠팡은 다각도로 C-커머스의 공세에 대응하고 있다. 우선 중국산 저가 제품들의 품질에 소비자들의 불만족 이슈가 증가하자 이에 맞서 품질이 검증된 한국산 제품들의 상품 다양성과 가격 경쟁력을 더욱 강화하겠다는 방침을 세웠다. 이를 위해 자체적으로 국내 상품을 매입하여 상품 구성을 더욱 확대하고 장바구니에 담기는 주요 제품들의 가격을 최저가 수준으로 제공하기 위해 특가 할인 판매 이벤트를 연일 이어가고 있다. 또한 인상된 멤버십 가격에 걸맞게 무료 배송과 반품, 회원 전용 할인 혜택 등 와우 멤버십 특전도 2023년 4조 원에서 2024년 5조 5,000억 원 이상으로 폭넓게 제공할 계획이다.

쿠팡발 멤버십 가격 인상 소식이 알려지자 경쟁사들은 일제히 가격 할인에 나서며 고객 유치 경쟁을 펼쳤다. 네이버는 신규 가입자에 한해 네이버플러스 멤버십을 3개월간 무료로 제공하는 프로모션을 진행했다. 월 4,900원씩 3개월 치 멤버십 비용을 아낄 수 있고 같은 기간 도착 보장 및 무료 배송 혜택까지 누릴 수 있는 이벤트를 진행했다. G마켓 역시 신세계 유니버스클럽 신규 가입 회원의 연회비를 기존 3만원에서 4,900원으로 83.7% 내리는 이벤트를 진행했다. 이벤트 기간 가입한 고객은 멤버십 1년 무료 연장 혜택도 받았다. 사실상 4,900원으로 2년간 멤버십 혜택을 누리는 셈이다. 컬리도 유료 멤버십인 컬리멤버스에 처음 가입하는 고객에게 3개월간 무료 이용 혜택을 제공하기도 했다.

K-커머스 기업들은 오픈 마켓의 본질적 경쟁력을 강화하기 위해 셀러 지원책 마련에도 적극 나서고 있다. G마켓은 판매자 전용 관리 사이트 'ESM PLUS'를 대대적으로 개편했다. 사용자 친화적인 인터페이스를 도입해 누구나 쉽고 편리하게 판매 관련 기능을 이용할 수 있도록 했으며 상품 등록부터 판매 현황 관리까지 원스톱

으로 지원하는 기능을 대폭 강화했다. 아울러 '판매자 데이터'라는 신규 서비스를 통해 판매와 유입, 서비스 현황을 한눈에 파악할 수 있게 함으로써 셀러의 데이터 기반 의사 결정을 돕고 있다. 11번가 역시 신규 입점 셀러들을 위한 각종 혜택을 제공하며 판매자 유치에 공을 들이고 있다. 판매 수수료 인하와 광고 지원금 지급 등이 대표적이다. 여기에 자체 개발 상품을 보유한 셀러들을 위해 '오리지널 셀러 프로그램'이라는 전용 혜택도 운영 중이다. 프로그램에 참여한 판매자가 1,000만 원 상당의 주문을 달성할 때까지 발생한 모든 서비스 이용료를 캐시로 돌려주는 파격 지원책이 눈에 띈다.

K-커머스 업계는 C-커머스의 거센 도전 속에서도 오픈 마켓 고유의 가치인 상생에 방점을 찍고 있다. 단기적 수익성을 고려한 수수료 장벽을 낮추는 대신 판매자들의 성장을 지원하고 건강한 거래 환경을 조성하는 데 주력하는 모습이다. 또한 해외 브랜드 유치와 역직구 활성화 등 글로벌 시장 진출을 위한 교두보 마련에도 힘을 쏟고 있다. K-커머스 성장의 핵심 동력은 결국 다양한 제품과 서비스를 제공하는 개별 셀러들의 경쟁력에서 나온다는 판단에서다. 상품 개발과 고객 서비스에 전념할 수 있는 환경을 조성하고 데이터 인프라를 적극 지원함으로써 상호 성장의 선순환 구조를 만들어 가려는 의지로 보인다.

네이버는 C-커머스의 공세에 맞서기 위해 AI 기술과 물류 혁신을 기반으로 차별화된 고객 경험 제공에 집중하고 있다. 네이버는 AI를 활용한 맞춤형 상품 추천 기능을 커머스 사업에 본격 도입했다. 네이버 전체 매출의 26.3%를 차지하는 커머스 사업의 성장 동력으로 자체 초거대 AI 모델인 하이퍼클로바 X에 기반한 맞춤형 상품 추천을 본격적으로 가동하고 있다. 2024년 4월 전면 도입된 에이아이템즈 AiTEMS 는 개인별 취향을 분석해 최적의 상품을 노출함으로써 기존의 일률적인 상품 나열 방식과는 차별화를 꾀하고 있다. 에이아이템즈는 이용자의 관심사를 파악하고 상품이 지닌 특성을 매칭해 개인화된 추천을 제공한다. 이전에는 판매량 등 전체 소비자들의 선호 위주로 상품이 노출됐다면 이제는 개인의 상품 검색 내역과 클릭 및 구매 로그 등이 AI 상품 추천의 핵심 요소로 적용된 것이다.

실제로 네이버는 에이아이템즈 시범 운영 기간 동안 추천 상품의 거래액과 주문 비중 상승이라는 가시적 성과를 보였고 신규 및 비인기 상품의 클릭률도 크게 향상되는 효과를 나타냈다고 밝혔다. 현재 네이버쇼핑에는 약 5억 개에 달하는 상품이 등록돼 있으며 하루 평균 400만 개의 신규 상품이 추가되고 있다. 방대한 상품 DB를 감안할 때 기존의 검색 기반 노출로는 신생 셀러와 신상품이 소비자와 만날 기회가 제한적일 수밖에 없다. 이런 점에서 AI 기술을 활용한 맞춤형 추천은 상품 발견성 제고와 이용자 유입 확대 그리고 판매자의 성장 기회 확대로 이어질 수 있을 것으로 기대한다.

또한 네이버쇼핑은 최근 일부 판매자에게 제공하던 '고객여정분석 서비스'를 2,200여 개에 달하는 모든 브랜드스토어 판매사에 전면 개방했다. 고객여정분석 서비스는 네이버의 방대한 데이터와 AI 기술을 활용해 소비자들이 어떤 검색어로 사이트에 들어왔는지를 단계별로 분석해 준다. 에이아이템즈와 고객여정분석 서비스 외에도 네이버는 AI 이미지 검색 기술인 '스마트 렌즈'로 쇼핑 이용자의 편의성을 높이고 있다. 스마트 렌즈는 이미지에 있는 사물을 자동으로 인식해 유사한 이미지를 찾아 준다. 스마트 렌즈를 활용하면 다양한 주제에 특화한 검색을 할 수 있고 정확한 상품명을 알지 못해도 이미지만으로 원하는 상품을 찾을 수 있다. 이렇듯 네이버는 쿠팡과의 양강 구도 속에서도 독자적인 AI 커머스 전략으로 차별화를 꾀하며 C-커머스의 도전에 맞서고 있다. 빅데이터와 AI 기술을 바탕으로 개인별 맞춤 쇼핑 경험을 선사하고 신규 상품과 판매자에게 충분한 성장 기회를 제공하는 선순환 구조를 만들어 가고 있는 셈이다.

AI를 이용한 이커머스 전략 외에 물류 경쟁력 강화도 네이버가 역점을 두는 부분이다. 네이버는 2024년 4월부터 당일배송과 일요배송을 도입했고 서비스 지역을 점진적으로 확대해 나간다는 계획이다. 당일배송은 오전 11시까지 주문한 상품을 당일 내로 받아 볼 수 있는 서비스로 특히 배송 속도가 중요한 생필품이나 패션 카

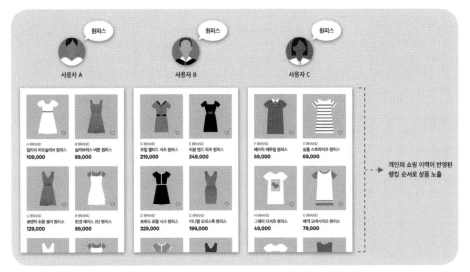

→ 네이버의 AI 기반 상품 추천       출처: 네이버

테고리에 집중 도입된다. 일요일에도 상품을 받을 수 있는 일요배송 역시 쿠팡의 로켓배송에 대항하는 네이버만의 전략이다. 네이버는 반품안심케어 보험 이용료 지원을 통해 판매자들의 부담을 덜어 주는 동시에 소비자들에게는 무료 교환·반품 혜택을 제공하며 이커머스 생태계 내 상생을 도모하고 있다.

네이버플러스 멤버십 고객을 대상으로 한 파격적인 프로모션도 눈길을 끈다. 모든 멤버십 이용자에게 3개월간 도착보장 무료 혜택을 제공하고 3개월 무료 체험 기회를 제공하는 등 공격적인 마케팅으로 신규 고객 유치에 적극 나서고 있다. 아울러 하루 한 장씩

배송비 할인 쿠폰을 지급하는 이벤트를 통해 쿠팡 와우 멤버십 인상에 따른 고객 이탈 방지에도 공을 들이고 있다. 네이버의 이 같은 행보는 그간 이커머스 시장에서 두각을 나타내지 못했던 자사 커머스 사업의 체질 개선을 위한 노력으로 풀이된다. AI와 빅데이터 등 네이버가 보유한 기술력을 십분 활용해 개인화된 쇼핑 경험을 구현하면서 배송 혜택 강화를 통해 가성비를 앞세운 C-커머스 공세에 맞불을 놓겠다는 것이다.

C-커머스와의 K-커머스의 경쟁이 이른바 '쩐의 전쟁'으로 진행되면서 쿠팡뿐 아니라 국내 이커머스 업체 전반적으로 투자를 확대하는 방향으로 경영 전략 선회가 이어질 수 있다. 계획된 적자로 대표되는 쿠팡의 투자 전략을 따라가던 경쟁 커머스 기업들도 누적된 적자를 벗어나기 위해 수익 창출 위주의 전략으로 선회하다 C-커머스 견제를 위해 다시 거액의 투자에 나서는 분위기다. 하지만 탄탄한 자금력을 바탕으로 하는 글로벌 C-커머스 기업에 전략적 특색 없는 투자로만 맞선다면 재무 건전성과 장기 성장 가능성에 걸림돌이 될 수 있다. 이미 알리익스프레스, 테무 등 C-커머스 기업들이 한국 시장에서 거둔 성과가 만만치 않은 만큼, 기술과 서비스 차별화 전략만으로는 한계가 있을 수 있기 때문이다.

결국 K-커머스 기업들은 더욱 강력한 차별화 전략이 필요한 상황에 직면했다. 이용자 데이터 기반의 개인화 역량과 물류 역량을 한층 고도화하고 도착보장 서비스와 같은 K-커머스만의 강점을 부각하며 C-커머스와의 차별화 지점을 더욱 분명히 할 필요가 있어 보인다. 나아가 글로벌 브랜드와의 제휴, 해외 직구 상품 라인업 확대 등을 통해 상품 경쟁력을 높이는 것도 검토해 볼 만하다. 순식간에 국내 시장 판도를 뒤흔든 C-커머스 기업들의 행보를 주시하는 것은 물론 차별화된 가치 제안과 기술 혁신을 통해 지속 성장의 동력을 마련하는 것이 어느 때보다 중요해졌다. 그런 의미에서 생성형 AI를 통한 물류 혁신, 초개인화된 고객 쇼핑 경험 제공, 맞춤형 상품 추천 등은 K-커머스 기업들의 생존을 위한 핵심 요소다. 생성형 AI 기술을 효과적으로 활용하여 차별화된 가치를 제공하는 기업만이 급변하는 이커머스 시장에서 유리한 고지를 점할 수 있을 것이다.

# 02

# K-커머스,
# 우리도 있다

## 대형마트와 백화점, 돌파구는 있을까?

이커머스 시장의 급성장으로 인해 오프라인 매출 실적 하락에 시달리는 대형마트와 백화점 업계도 돌파구를 모색하고 있다. 대형마트들은 해외 진출과 글로벌 셀러 육성에 적극 나서는 모습이다. 국내 시장은 특히 지방을 중심으로 매출 감소로 인한 폐점이 이어지는 추세다. 더불어 내수 시장 침체와 함께 더 이상 점포 수를 늘릴 수도 없는 상황이니, 해외 시장으로 진출해 선제적인 돌파구 마련에 나선 것이다. 특히 K-유통 모델을 현지에 그대로 적용하고 한국음식과 식재료를 선보이는 등 한류 열풍을 발판 삼은 전략을 내세우는 모양새다.

이마트와 롯데마트, 홈플러스 등은 라오스, 베트남, 몽골, 인도네시아 등 성장 잠재력이 높은 아시아 국가를 중심으로 진출하고 있다. 다만 진출 방식은 다르다. 이마트는 직접 해외에 진출하는 대신 현지 기업과 계약한 후 가맹 사업 및 브랜드 운영권을 라이센싱하는 방식인 마스터 프랜차이즈 방식을 택하며 말레이시아, 베트남 등 동남아 시장에 진출했다. 롯데마트는 현지 직접 진출을 통해 점포를 직영으로 운영하고 있고, 글로벌 이커머스 플랫폼인 아마존과 이베이 등에 입점해 자체 브랜드PB 상품을 판매하고 있다.

대형마트들은 해외 진출과 함께 국내 오프라인 매장 리뉴얼을 통해 점포 경쟁력 강화에도 공을 들이고 있다. 특히 온라인 쇼핑에 익숙해진 고객의 발길을 되돌리기 위해 안간힘을 쓰는 중이다. 이마트는 핫플레이스 확충을 주 전략으로 추진하고 있고, 홈플러스는 신선식품 확대, 롯데마트는 주류 라인업 확장에 집중하며 3사의 개성을 살리는 방식으로 위기 극복에 나섰다.

이마트는 고객의 체험에 집중한다는 전략이다. 식음, 패션, 문화 등 다양한 임대매장으로 구성한 더타운몰 콘셉트를 도입해 쇼핑, 외식, 엔터테인먼트가 복합된 원스톱 쇼핑 공간을 구현했다. 2023년 리뉴얼 오픈한 더타운몰 킨텍스점은 트렌디한 쇼핑 수요를 채우기 위해 임대매장을 98곳으로 기존보다 4배 확대했다. 킨텍스점은 리뉴얼 개장 후 매출이 상승세다. 홈플러스는 음식은 눈으로 보고 사야 한다는 고객 인식에 착안하여 2022년 런칭한 메가푸드마켓이라는 신개념 매장을 확대하고 있다. 농산물, 수산물, 축산물 등 신선식품을 전문적으로 취급하는 프리미엄 식품관으로 기존 매장 대비 신선식품 매출이 20% 이상 신장하는 효과를 거뒀다. 2023년에는 고객 소비 데이터를 분석해 동선을 개선한 메가푸드마켓2.0 센텀시티점을 선보이기도 했다. 롯데마트는 제타플렉스와 보틀벙커

| | **emart**<br>이마트 | **Homeplus** ⊕<br>홈플러스 | **L** 롯데마트<br>롯데마트 |
|---|---|---|---|
| 키워드 | 핫플레이스 | 신선식품 | 주류 |
| 투자 규모 | 2,850억 원<br>(2020~2023년) | 1,000억 원대<br>(2022년 3월~2023년 2월) | 500억 원대<br>(2022년 1년간) |
| 리뉴얼<br>점포 수 | 41개 | 19개 | 23개 |
| 대표 점포 | 더타운몰<br>킨텍스점 | 메가푸드마켓<br>강서점 | 제타플렉스<br>잠실점 |
| 대표 점포<br>특징 | 테넌트(임대 매장) 98곳으로<br>4배 확대. 그 중 일산 지역에<br>처음 들어서는 매장만 34곳 | 면적 50% 이상을<br>식품 매장으로 조성. 먹거리<br>강화한 '원스톱 푸드쇼핑'<br>공간 구현 | 1층 면적의 70%를<br>와인 전문점 '보틀벙커'에<br>할애. 로마네꽁띠 등<br>최고가 상품 판매 |

↱ 마트 3사 리뉴얼 키워드                        출처: 이마트, 홈플러스, 롯데마트

등 매장 내 전문 코너를 도입해 차별화를 꾀하고 있다. 또한 점포별 고객 맞춤형 매장 구현에 집중하면서 각 지역 특화 존 위주의 전략을 추진 중이다.

AI 기술을 활용한 마케팅 혁신도 주목할 만하다. 홈플러스는 AI를 통해 고객 데이터를 분석해 맞춤형 할인 행사를 설계하고 있다. 상품 경쟁력 확보와 재고 최적화에도 AI 기술이 접목된다. 이마트는 AI 감성 분석 기술로 상품 리뷰 데이터를 분석해 상품 개선에 활용하고 있으며 AI 추천 시스템을 통해 개인화된 상품 추천도 제

공한다. 홈플러스의 경우 단순히 경쟁사 대비 최저가를 보장하는 것이 아니라 최적의 할인 가격을 도출하는 데에 AI를 활용하여 불필요한 과당 경쟁을 지양하고 수익성을 높이는 데 주력하고 있다.

한편 백화점 업계에서는 더현대 서울의 성공 사례가 주목받고 있다. 2021년 오픈 이래 연간 매출 1조 원을 돌파하며 1조 원 클럽에 가입한 더현대 서울은 기존 백화점의 성공 방정식과는 다른 길을 걸어왔다. MZ세대의 취향을 저격하는 트렌디한 브랜드들을 대거 입점시키고 예술과 문화가 어우러진 쇼핑 경험 제공을 하는 등 '힙함'을 앞세운 전략이 주효했다는 분석이다. 이는 젊은 고객층 유치에 어려움을 겪어 온 백화점 업계에 신선한 충격을 안겼다.

실제로 국내 백화점 시장은 지속적인 마이너스 성장세를 보이고 있다. 업계에서는 매장 집객력 제고와 수익성 개선을 위해 다양한 전략을 모색 중이다. 우선 객단가 상승에 주력하는 모습이다. 기존 중저가 브랜드를 내리고 프리미엄 브랜드 비중을 높여 고부가 상품군 판매에 집중하고 VIP 고객 대상 맞춤 서비스를 강화해 충성도 높은 우량 고객을 확보하는 데 힘쓰고 있다. 또한 오프라인 매장의 고민거리인 고객 고령화 문제 해결을 위해 MZ세대 유치에도 공을 들이고 있다. 신세계가 2024년 MZ세대 특화 매장을 강화하여 개장한 스타필드 수원이 대표적이다. 패션, 뷰티는 물론 젊은 세대 선호 브랜드로 구성된 식품관까지 갖춘 MZ 맞춤형 쇼핑 공간으로 주목받아 서울에서도 원정 쇼핑을 가는 핫플레이스가 되었다. 여기에 중국인 관광객 급감으로 타격을 입은 면세점 부문 활성화를 위해 해외 고객 유치에도 나서고 있다. 신세계면세점은 국내 주요 관광지에 외국인 전용 안내 데스크를 운영하고 외국어 통역이 가능한 AI 로봇을 도입하는 등 글로벌 고객 맞춤 서비스를 강화하고 있다.

이처럼 대형마트와 백화점은 온라인 쇼핑의 진흥이라는 시대적 흐름 속에서 변화와 혁신을 모색하며 활로를 찾기 위해 다각도로 노력하고 있다. 단순히 가격 경쟁력에 의존하기보다는 고객 경험 강화와 브랜드 차별화와 AI 기술 접목을 통한 미래 경쟁력 확보에 사활을 걸고 있는 셈이다. 전통적인 국내 유통 공룡 기업들의 변신이 성공적으로 이뤄질 수 있을지 귀추가 주목된다.


## 버티컬 커머스의 생존 전략


특정 카테고리의 상품을 전문적으로 판매하는 버티컬 커머스 업계에도 변화의 바람이 거세게 불고 있다. 코로나19 팬데믹 기간 중 '집콕' 특수 효과를 누리며 높은 성장세를 기록했던 버티컬 커머스 플랫폼들이 성장세 둔화와 수익성 악화로 위기를 맞고 있다. 특히 명품 버티컬 커머스의 경우 그 위기감이 더욱 짙어 보인다. 명품에 대한 수요가 오프라인으로 회귀하면서 온라인 플랫폼들의 매출 성장세가 크게 둔화됐기 때문이다. 실제로 국내 1위 명품 플랫폼인 트렌비의 경우 2024년 1분기 매출액이 401억 원으로 2023년 대비 54.5% 줄었다. 2021년의 전년 대비 66.7% 성장률과 비교하면 성장 동력이 크게 약화된 모습이다. 트렌비뿐만 아니라 머스트잇, 솔드아웃 등 주요 명품 플랫폼들도 비슷한 상황에 직면해 있다. 차별화된 상품 소싱과 빠른 배송 등으로 오프라인과의 차별점을 만들어 내고 있지만 근본적인 성장 동력을 확보하기에는 역부족이라는 지적도 나온다. 특히 플랫폼 간의 출혈 경쟁으로 인해 수익성이 악화일로를 걷고 있어 장기적인 생존 전략이 절실한 시점이다.

기존의 명품 커머스 기업들의 실적이 악화되는 가운데 새로운 공룡이 명품 시장에 뛰어 들었다. 국내 이커머스 공룡 쿠팡이 도전장을 내민 것이다. 쿠팡은 2023년 세계 명품 플랫폼 1위 파페치를 인수했다. 명품 플랫폼 업계에서는 2021년 초 시가총액이 약 30조 원에 달했던 파페치를 6,500억 원에 인수할 수 있었던 것은 명품 플랫폼 시장의 어려움이 증명된 것이라고 역설적으로 설명한다. 하지만 쿠팡에게 파페치 인수는 또 다른 기회가 될 것으로 보인다.

파페치는 1,400여 개 명품 브랜드를 글로벌 190개국 이상의 소비자들에게 판매하는 플랫폼이다. 에르메스, 샤넬 등 고급 명품 브랜드는 물론 오프화이트, 팜 엔젤스 등 유명 스트리트 패션 브랜드 뉴가즈 그룹도 보유하고 있다. 뉴가즈 그룹 브랜드는 전 세계 20대 초중반의 선호도가 높은 브랜드다. 국내에서는 우영미, 송지오,

로우클래식 등이 파페치에 입점해 있다. 이런 점을 고려하면 파페치를 이용하는 소비자의 폭이 넓고 공략할 수 있는 대상도 넓다는 의미다. 또한 쿠팡이 명품 시장에 출사표를 던진 배경으로는 국내 명품 소비 트렌드 변화가 꼽힌다. 코로나19 팬데믹 이후 MZ세대를 중심으로 '럭셔리 캐주얼' 수요가 크게 늘어난 것이다. 기성세대와 달리 MZ세대는 명품을 일상에서 자연스럽게 소비하는 '일상적 사치'를 즐기는 경향이 있다. 쿠팡은 이러한 소비 트렌드에 주목하고 명품 시장 공략에 나선 것으로 풀이된다. 명품의 소비가 온라인에서 오프라인으로 돌아서며 기존 명품 플랫폼들이 어려움을 겪고 있으나 쿠팡의 경우 압도적인 물류 경쟁력을 앞세워 명품 배송 혁신을 통해 시장에 진입할 것으로 예상된다. 로켓배송으로 무장한 쿠팡이 명품에 어떤 변화를 가져올지 이목이 집중되는 이유다. 업계에서는 명품 온라인 시장이 유통 대기업들의 새로운 격전지로 떠오를 것으로 내다보고 있다.

에이블리는 버티컬 커머스 기업들의 위기 속에서도 선전하는 기업으로 꼽힌다. 여성 패션을 전문으로 하는 버티컬 커머스 플랫폼인 에이블리의 2023년 매출은 2,595억 원, 영업이익은 33억 원으로 꾸준한 실적 상승세 속에서 전년과 달리 흑자를 달성해 의미가 있다. 차별화된 MD 전략과 빠른 트렌드 대응력 그리고 파워 셀러 육성과 라이브 커머스 활성화 등이 주효했다는 평가다. 특히 '스타일 포털'이라는 콘셉트로 단순 쇼핑을 넘어 취향 기반의 발견과 소통이 가능한 플랫폼으로 진화한 점이 돋보인다. 패션 앱의 경우 상품을 판매하는 데 그치지 않고 어떻게 스타일링 하면 좋을지에 대한 콘텐츠가 중요한데 에이블리는 고도화된 패션 큐레이션과 스타일링 콘텐츠로 MZ세대의 눈길을 사로잡은 것이다. 또한 속옷, 애슬레저 등 세부 카테고리 강화를 통해 장바구니 품목을 늘려 가는 전략도 주효했다. 에이블리의 성장은 버티컬 커머스의 생존 가능성을 엿볼 수 있는 사례로 평가된다.

한편 중고 거래 플랫폼 당근마켓은 2023년 매출 기준 창사 8년 만에 처음으로 173억 원의 영업이익을 기록하며 연간 흑자를 달성했다. 인테리어 플랫폼 오늘의집도 2023년 말 첫 월간 흑자를 기록하며 화제를 모았다. 거래액 증가보다는 광고 매출 확대가 주효했다. 특히 당근마켓의 경우 광고를 통해 중고 거래뿐 아니라 지역 밀착형 광고 플랫폼으로의 변신을 꾀하고 있다. 지역 소상공인들을 타깃으로 한 광고 상품이 인기를 끌면서 기존 온라인 광고 시장과는 차별화된 영역을 개척해 나가고 있는 것이다. 초기 투자 비용이 크게 들지 않는 광고 사업의 특성상 수익성 개선에도 유리할 것이라는 전망이 나온다.


버티컬 커머스 업계는 새로운 전환점을 맞이하고 있다. 성장세 둔화와 수익성 악화라는 시련 속에서도 에이블리와 같은 혁신 기업들의 약진이 돋보인다. 또한 당근마켓, 오늘의집의 사례에서 볼 수 있듯 비즈니스 모델 다각화를 통한 수익원 창출도 버티컬 플랫폼들의 생존 전략으로 주목된다. 한편 명품 시장을 둘러싼 새로운 경쟁 구도 역시 버티컬 커머스 지형에 적잖은 영향을 미칠 전망이다. 쿠팡의 도전 이후 기존 명품 플랫폼과 유통 공룡들 간의 각축전이 치열해질 것으로 예상되기 때문이다. 온라인 명품 소비를 주도할 MZ세대의 니즈를 누가 더 효과적으로 충족시켜 나갈지가 향후 시장 판도를 좌우할 것으로 보인다. 버티컬 커머스는 위기와 기회가 공존하는 새로운 전환기를 맞이했다. 차별화된 가치 제안과 수익 모델 다변화 그리고 빠른 환경 변화에 대한 선제적 대응력이 이들의 미래를 결정지을 핵심 과제로 떠오르고 있다. 변화의 물결 속에서 버티컬 커머스가 어떤 모습으로 진화해 나갈지 주목된다.

## 끝나지 않은 물류 전쟁

2024년 6월 신세계와 CJ가 사업제휴 합의서 체결식을 가졌다. 이번 사업제휴의 핵심은 바로 물류다. 신세계 이커머스 사업 부문에 CJ대한통운의 오네 O-NE 서비스를 도입하겠다는 것이 주된 내용이다. 이를 통해 G마켓은 2024년 7월부터 익일배송 서비스 적용 시간이 늘어나게 됐다. 종전에는 오후 8시까지 주문을 해야 다음 날 도착이 가능했다면 이제는 자정까지 주문하면 익일에 상품을 받을 수 있게 됐다. 그러나 이상한 점이 있다. 왜냐하면 신세계는 그동안 SSG닷컴이 보유한 자체 물류센터 네오 NEO를 운영해 왔기 때문이다. 네오는 온라인 배송만 전담하는 신세계 이커머스 사업의 심장부로 불려 왔고, 국내에서 가장 선진적인 인프라를 갖춘 것으로도 평가받았다. 주문에서 배송 준비까지의 전 과정 중 80%를 자동화 공정으로 운영하여 압도적인 물류 효율을 가진 센터다. SSG닷컴은 과거 네오를 전국 11개까지 확대하겠다는 계획을 밝혀 왔다. 그러나 이번 합의 이후 신세계는 네오 2개와 오포에 지은 첨단물류센터를 CJ대한통운에 단계적으로 이관할 계획이다. 왜 갑자기 전략을 수정하는 것일까?

업계에서는 신세계가 현금 확보를 위해 이커머스 물류 경쟁을 포기했다고 분석하고 있다. 자체 물류를 포기할 경우 당장 자체 물류센터 시스템을 운용하는 데 들어가는 비용을 상당 부분 줄일 수 있기 때문이다. 현재 신세계 그룹은 현금 확보가 시급한 상황이다. 당장 SSG닷컴의 재무적 투자자 사모펀드의 지분을 2024년도 말까지 되사야 한다. 하지만 자체 물류를 포기하고 이커머스 경쟁력을 강화할 수 있을까?

물류는 여전히 이커머스의 핵심이다. 이커머스에서 빠르고 정확한 배송은 고객 만족도를 좌우하는 핵심 요소로 자리 잡았다. 쿠팡은 창업 이후 지속된 물류 투자로 현재의 자리까지 올라왔다. 또한 앞서 언급했듯이 쿠팡은 2027년까지 전 국민 5,000만 명을 대상으로 로켓배송을 확대하겠다는 야심찬 계획을 발표한 상황이다. 쿠팡이 촘촘한 전국 단위 로켓배송에 나선 배경으로는 지역 고객의 잠재력에 주목한 것으로 풀이된다. 실제로 통계청 자료에 따르면 2023년 기준 수도권 외 지역의 온라인 쇼핑 거래액 비중은 약 45%에 달한다. 그동안 상대적으로 배송 인프라가 열악했던 지역 시장을 적극 공략함으로써 새로운 성장 동력을 확보하겠다는 전략으로 보인다. 이를 위해 전국 거점에 메가급 물류센터를 확충하는 한편 고밀도 도심 물류망 구축에도 힘을 쏟을 전망이다. 특히 쿠팡의 도심 물류 강화 행보는 주목할 만하다. 라스트마일 딜리버리의 핵심 경쟁력으로 꼽히는 도심 물류는 배송 속도 개선과 비용 효율화 측면에서 매우 중요하기 때문이다. 실제로 쿠팡은 서울 도심부에만 20여 개의 미니 물류센터를 운영 중이며, 배송 거점 확대를 지속하고 있다.

쿠팡의 이 같은 물류 행보에 업계의 긴장감도 고조되는 모습이다. 특히 네이버는 CJ대한통운, 롯데글로벌로지스, 한진 등 물류 대기업들과 네이버 풀필먼트 얼라이언스NFA를 결성해 쿠팡 물류 제국에 맞불을 놓고 있다. 카카오도 자체 물류 플랫폼 카카오i라스를 선보이며 물류 플랫폼 경쟁에 가세했다. 카카오i라스는 AI 알고리즘을 통해 최적화된 배송 경로를 제안하고, 픽업-패킹-배송 전 과정을 자동화하는 스마트 물류 솔루션이다. 카카오커머스는 카카오 i라스 도입으로 물류 비용을 20% 이상 절감하는 동시에 배송 소요 시간을 30% 단축하는 효과를 거뒀다고 밝혔다.

컬리의 경우도 그간 적자의 늪에 빠져 투자자와 시장에 많은 불안감을 주었지만 2023년 12월부터 2024년 2월까지 상각 전 영업이익 EBITDA 월간 흑자를 기록했다. 컬리는 공식 브리핑을 통해 그들의 흑자 달성 이유가 직접 물류비 개선, 마케팅비 절감, 매출총이익 개선 등이 종합적으로 작용했다고 밝혔다. 이 중에서 가장 큰 흑자 전환 요인으로 밝힌 것은 바로 '물류'다. 컬리는 2023년 수도권 동남권 물류 거점이었던 서울 송파 물류센터 운영을 종료하고 해당 센터의 기능을 경기도 평택 물류센터로 이전했다. 또한 경남 창원시에 동남권 물류센터를 신규 오픈했다. 컬리는 이를 통해 부산, 대구, 울산, 김해, 창원 등 경상도 주요 도시를 대상으로 샛별배송을 확장할 수 있었다. 기존 송파 물류센터는 수작업에 의존하는 시스템이었다면 기능을 이전한 평택 물류센터는 자동화 설비 구축을 통해 설계된 센터다. 컬리는 물류 효율화가 단순히 비용 절감을 통한 이익 개선에 국한되지 않고 새로운 상품 구색 확장, 풀필먼트 서비스 등 신사업을 통한 추가 매출 증가에도 기여했다고 밝혔다. 물류가 커머스의 핵심 역량임을 또 증명하게 된 것이다.

헬스앤뷰티 스토어 1위 업체 올리브영도 올해 도심 물류센터를 오픈하며 물류 경쟁에 뛰어 들었다. 최근 쿠팡과 다이소에서 헬스

앤뷰티 상품군을 강화하자 그에 대응하는 전략으로 물류 경쟁에 뛰어든 것으로 보인다. 서울 서초구에 첫 미니 풀필먼트 센터를 열고 상품을 사전에 확보해 배송 리드타임을 단축하는 전략을 세웠다. 올리브영은 도심 물류센터 운영으로 배송 속도를 기존 대비 2배 이상 높일 수 있을 것으로 기대하고 있다.

C-커머스 기업들의 한국 시장 침투가 가속화되면서 물류 전쟁은 새로운 국면을 맞고 있다. 현재 인천, 평택을 비롯한 통관장이 알리익스프레스와 테무 물량으로 마비 수준에 이르렀다고 한다. 이는 알리익스프레스의 잦은 배송 지연과 연관성이 높다. 통관장을 늘리거나 국내 물류센터에 미리 상품을 갖다 놓지 않는다면 이 문제의 해결은 어렵다. 알리익스프레스의 국내 자체 물류센터가 완공된다면 국내 이커머스 시장에는 지금보다 더 큰 지각 변동이 일어날 것이다. 현재 알리익스프레스는 중국 산둥성 웨이하이와 옌타이에 한국행 상품을 보관하는 전용 물류센터를 운영하고 있다. 한국 평택항과 가까운 중국 내 위치에 재고를 배치했지만 아무래도 국제 물류와 통관 시간이 추가 소요되는 만큼 목표 배송 시간은 5일 이내로 운영되고 있다.

알리익스프레스가 한국에 물류센터를 마련해 재고를 전진 배치한다면 그 효과는 빠른 배송 서비스로 나타날 것으로 전망된다. 국내 물류센터를 통해서 택배를 연계하여 출고하는 D+1~2일 배송은 기본이고 쿠팡 로켓배송이나 네이버 도착 보장 서비스처럼 자정까지 주문하면 내일 배송하는 서비스까지 예상할 수 있다. 알리익스프레스 상품의 국내 배송 파트너인 CJ대한통운이 운영 중인 택배 브랜드 오네의 도착 보장 서비스를 연계할 가능성도 있다.

알리익스프레스가 국내 물류센터 운영을 통해 얻을 수 있는 이익은 **빠른** 배송을 통한 서비스 경쟁력 및 충성 고객 확보 외에도 더 있다. 첫 번째는 국내 셀러 대상 풀필먼트 사업의 확장이다. 알리익스프레스가 국내 셀러를 위한 전용 물류센터를 마련해 풀필먼트 서비스를 제공한다면, 배송 속도 확보는 물론 쿠팡의 로켓그로스나 네이버의 도착보장처럼 물류 측면의 신규 수익 모델 구축 또한 가능해 보인다. 두 번째는 판매 품목 확장이다. 알리익스프레스가 물류센터를 운영한다는 것은 물리적인 검수 프로세스를 내재화한다는 것을 뜻한다. 이를 통해 그동안 가짜 상품 유통의 온상으로 지목됐던 알리익스프레스가 오명을 벗는 구조가 마련될 수 있다. 세 번째는 역직구 거점의 마련이다. 이커머스 업계는 알리익스프레스의 한국 물류센터가 향후 세계 시장에 전략 상품을 역직구하기 위한 거점 역할을 할 수 있을 것이란 전망도 하고 있다. 알리익스프레스는 현재 전 세계 200여 개 국가에 진출한 상태로 러시아와 남미, 유럽에서 성과를 내고 있다. 이 때문에 알리익스프레스가 한국 셀러를 포함한 인근 국가의 상품을 소개하기 위한 거점으로 한국 물류센터를 이용할 수도 있다는 분석이다.

물류는 막대한 투자 비용과 운영 리스크를 수반한다. 따라서 초저비용 고효율 물류망 구축도 이커머스 기업들의 주요 숙제다. 이런 가운데 하이퍼로컬 물류 모델이 새로운 트렌드로 부상하고 있다. 하이퍼로컬 물류란 기존의 도심 물류센터보다 더 촘촘하게 대거 마련된 소규모 물류 거점이 지역 배송을 전담하는 방식이다. 배송 범위가 매우 좁아 소규모 지역의 특성을 반영해 지역별 수요 예측에 따른 분산 재고 관리 물류를 전개할 수 있다. 또한 짧은 배송 거리로 인해 비용 효율화가 가능하고 빠른 배송도 구현할 수 있어 차세대 물류 대안으로 각광받고 있다. 실제로 컬리, 쿠팡이츠 등은 하이퍼로컬 물류망을 기반으로 1시간 내 배송을 실현하고 있다. 이제 이커머스 시장에서 생존하기 위해서는 초단위로 배송 속도를 높이는 한편 비용은 최소화할 수 있는 혁신적 물류 전략이 필요하다.

한편 가구 업계에서도 물류가 새로운 승부처로 떠오르고 있다. 그동안 거대 제품 특성상 배송이 쉽지 않았던 가구 업계가 물류 혁신을 통해 돌파구를 모색하는 모습이다. 특히 이케아코리아의 변화가 눈에 띈다. 국내 시장에서 실적 부진에 빠진 이케아는 배송 및 설치 서비스 역량 부족이 주요 원인으로 지목됐다. 이케아는 이러한 위기 타개를 위해 제3자 물류인 3PL Third-Party Logistics 을 대폭 확대하고, 배송 인력 증원 및 IT 시스템 고도화에 돌입했다. 그 결과 주문 후 5일 내 배송률을 90% 이상으로 끌어올리는 데 성공했으며 고객 만족도와 재구매율도 크게 개선됐다. 고객이 원하는 시간에 원하는 장소로 배송하는 것이 가구 유통의 핵심 경쟁력이다. 쿠팡의 가구 로켓 설치 실적이 상승하는 것도 같은 이유다. 결국 가구 업계에서도 빠른 배송 서비스가 기업 성장의 주요 포인트다.

의류 및 잡화 기업들도 물류 경쟁력 확보에 총력을 기울이고 있다. 패션 플랫폼 무신사는 3PL 물류 업체와의 전략적 제휴로 배송 속도와 비용 경쟁력을 동시에 개선했다. 특히 주목할 만한 점은 일본 현지에 물류 거점을 구축해 일본 내 주문 건을 5일 이내에 배송 완료하는 서비스를 실현한 것이다. 한편 무신사의 경쟁자인 지그재그도 해외 배송 서비스를 대폭 강화했다. 자체 물류센터 운영으로 배송 속도를 높이는 동시에 글로벌 배송 노하우를 습득하며 해외 시장 공략에도 속도를 내고 있다.

이처럼 물류가 기업 경쟁력의 핵심 변수로 자리매김하면서 자체 물류망 구축에 어려움을 겪는 중소 이커머스 업체들의 고민도 깊어지고 있다. 이에 대한 해법으로 물류 없는 물류 즉 에셋 라이트 Asset-light 물류 전략이 주목받고 있다. IT 인프라와 AI 기반 데이터 분석 역량을 활용해 최적의 배송 모델을 설계하고 물류 실행은 외부 파트너사에 맡기는 비자산형 물류 전략이다. 현재 네이버 풀필먼트 얼라이언스, 카카오i라스, 삼성SDS의 첼로스퀘어까지 한국의 초대형 IT 기업들의 물류 사업을 관통하는 키워드가 바로 에셋 라이트다. 이 기업들은 모두 물류센터나 운송 수단과 같은 자산을 투자하지 않고도 IT 기술을 바탕으로 서비스 역량을 갖춘 운영업체를 연결하는 비자산형 물류 서비스를 제공하고 있다.

에셋 라이트 물류가 주목을 받는 이유는 물류 창고나 차량 등 자산에 대한 투자 부담 없이 물류 효율화와 비용 절감이 가능하다는 장점 때문이다. 또한 물류 데이터 분석을 통한 최적 경로 도출, 첨단 물류 자동화 기술 도입 등 자체 IT 역량을 배송 서비스에 접목할 수 있다는 점도 강점으로 꼽힌다. 에셋 라이트 물류는 한국만의 흐름은 아니다. 글로벌에서도 중국의 알리바바, 북미의 쇼피파이 등 IT 커머스 기업들을 중심으로 시도되고 있는 거대한 흐름이다. 이렇듯 IT 기업의 물류 시장 진출로 이커머스와 물류 산업의 경계가 허물어지는 가운데 물류 분야 인재 확보 경쟁도 뜨겁다. 쿠팡, 컬리, SSG닷컴 등은 물류 기술, 공급망 관리SCM, 물류 컨설팅 분야의 전문 인력 영입에 적극 나서고 있다. 물류가 단순 배송이 아닌 커머스 기업들의 핵심 축으로 부상했기 때문이다.

지금까지 살펴본 바와 같이 물류를 둘러싼 이커머스 업계의 전쟁은 결코 끝나지 않았다. 오히려 차별화된 배송 경쟁력이 기업 생존을 좌우하는 핵심 변수로 자리 잡으면서 새로운 물류 패러다임을 예고하고 있다. 막대한 물류 투자와 첨단 기술의 접목, 새로운 배송 모델의 실험까지. 고객 감동을 위한 이커머스 기업들의 물류 혁신은 지금 이 순간에도 계속되고 있다.

# 03

커머스와
생성형 AI가
만났을 때

## 커머스가 생성형 AI를 맞이하는 방법

챗GPT의 등장으로 촉발된 생성형 AI 열풍이 이커머스 업계에도 거세게 몰아치고 있다. 특히 AI 기술을 활용한 쇼핑 검색과 광고 혁신은 이커머스 셀러들의 비즈니스 방식을 근본적으로 바꿔 놓을 것으로 전망된다. 생성형 AI가 이커머스 검색에 적용되면 어떤 변화가 일어날까?

우선 검색 방식의 대전환이 예상된다. 기존의 키워드 기반 검색에서 벗어나 자연어 처리와 대화형 검색이 가능해지기 때문이다. 네이버는 2023년 하반기 베타 서비스를 시작한 대화형 AI '큐 Que'의 고도화를 진행하고 있다. 이용자가 '피서철에 해변에서 입기 좋은 원피스'와 같이 일상 언어로 질문하면 AI가 맥락을 파악해 최적의 상품을 추천해 주는 방식이다. 단순 정보 매칭이 아니라 고객의 니즈에 맞는 상품 큐레이션이 가능해진다는 얘기다. 이는 쇼핑 검색의 패러다임 전환을 예고하는 대목이다. '어떤 상품을 팔 것인가' 보다 '어떻게 팔 것인가'에 방점이 찍히는 셈이다. 즉 상품 자체의 경쟁력도 중요하지만 얼마나 고객 니즈에 맞게 상품을 노출시키고 추천하는지가 성패를 좌우하게 된다.

네이버는 2024년 4월부터 실시간 생성형 AI 기술을 적용한 스마트블록 베타 서비스를 시작했다. 네이버의 스마트블록은 생성형 AI를 활용해 이용자의 검색 의도와 맥락을 해석한 다음 적합한 순서로 검색 결과물을 보여 주는 서비스다. 스마트블록은 검색 결과 뉴스, 카페, 동영상 등 유형별로 목록을 제시해 온 기존 검색 결과 노출 방식과 다르게 사용자의 검색 의도에 맞는 여러 유형의 콘텐츠를 함께 제시해 준다.

실제로 AI 검색 도입은 상품 노출 지형에 상당한 변화를 초래할 전망이다. 그동안 특정 키워드 최적화에 힘입어 검색 상위권을 차지하던 상품들의 독점력이 약화되는 대신 더욱 다양한 상품들이 검색 결과에 노출될 수 있기 때문이다. 예를 들어 '캠핑용품'이란 키워드 검색 시 텐트와 침낭 위주로 노출되던 것과 달리 '아이들과 캠핑 갈 때 필요한 물건'이란 질의에는 키즈 테이블, 모기 스프레이 등 훨씬 다양한 상품이 검색될 수 있다. 네이버에 따르면 2024년 상반기 기준 쇼핑 검색어 중 절반 이상이 자연어 형태였다고 한다. 특히 막연한 니즈를 가진 고객일수록 대화형 검색을 선호한다는 점에서 AI 검색이 이커머스 시장에 미칠 파급력이 상당할 것이다. AI와의 대화를 통해 니즈를 구체화하는 검색 여정이 고객 경험의 핵심 축으로 자리 잡을 것으로 전망되면서 창의적인 AI 검색 전략 마련이 중요해졌다.

AI 검색이 상품 추천에 그치지 않고 궁극적으로 구매 전환으로 이어지려면 광고도 한층 진화해야 한다. 업계에서는 생성형 AI 기술을 접목한 지능형 광고가 이커머스 마케팅의 새 방향으로 주목받고 있다. 고객 검색 데이터와 구매 이력 등을 AI로 분석해 개인별 관심사를 예측하고 최적의 상품을 노출하는 방식이다. 쿠팡은 AI 기반 스마트 광고 상품을 제공하고 있다. 쿠팡의 방대한 빅데이터와 AI 기술을 활용해 이용자 관심사에 최적화된 상품을 실시간으로 추천하는 시스템이다. SSG닷컴도 이용자의 쇼핑 성향을 AI로 분석해 고객 여정의 곳곳에서 맞춤형 배너를 노출하는 AI 추천 광고 상품을 제공하고 있다. 셀러들의 상품 판매 확대를 목표로 최적의 위치와 순간에 광고를 노출하는 것이다.

이제 커머스 플랫폼 내에서 AI 광고는 정교한 타기팅과 효율 높은 광고 운영을 가능하게 할 것이다. 따라서 보다 창의적이고 개인화된 광고 전략 마련이 중요하다. 통합 디지털 마케팅 기업 메조미디어에 따르면 2023년 전 세계 생성형 AI 광고 시장은 6,000만 달러에 불과했지만, 연평균 125%씩 성장해 2032년에는 1,925억 달러(약 257조 원)의 초거대 시장을 형성할 전망이다.


AI가 상품 노출과 광고 운영에 직접적 영향을 미치게 되면서 이커머스 셀러들의 대응 전략 마련도 시급해졌다. 특히 자본력과 인

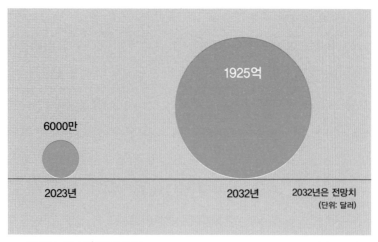

6000만

1925억

2023년        2032년     2032년은 전망치
(단위: 달러)

→ 생성형 AI 광고 시장의 성장 예측          출처: 메조미디어

력이 부족한 개미 셀러들의 위기감이 고조되는 모습이다. 생존을 위해 AI 기술을 적극 활용해야 하지만 관련 인프라와 노하우가 부족한 탓이다. 그런 가운데 개인 셀러를 위한 AI 서비스가 잇따라 등장해 눈길을 끈다. 상품 이미지와 홍보 콘텐츠 제작, 데이터 분석 등 셀러의 A부터 Z까지 AI로 돕겠다는 것이다. 대표적으로 셀라이트 SellWrite 는 GPT 언어 모델을 활용해 상품명과 홍보 문구를 자동 생성해 주는 쇼핑몰 문구 작성 서비스를 출시했다. 상품 핵심 키워드만 입력하면 클릭률 높은 제목과 상세 페이지 설명을 뽑아 주는 방식이다. 또한 다양한 AI 디자인 툴들이 출시되어 텍스트 입력만으로 상품 컷과 홍보 이미지를 제작해 주는 서비스로 개인 셀러들의 마음을 사로잡고 있다.

유통업계에서는 생성형 AI를 통한 초개인화 혁신이 가속화되고 있다. 롯데면세점은 업계 최초로 AI 빅데이터 기반 초개인화 마케팅 시스템을 구축했다. 고객 개인별 쇼핑 이력과 선호도를 분석해 맞춤형 상품과 프로모션을 제안하는 것이 골자다. 롯데면세점에 따르면 시스템 도입 후 고객 재구매율과 객단가가 각각 24%, 53% 증가한 것으로 나타났다. 커피 프랜차이즈 스타벅스도 AI 기술로 초개인화 서비스를 강화하고 있다. 스타벅스는 모바일 앱과 매장 내 디지털 기기 등을 통해 수집한 데이터를 AI로 분석해 개인별 최적의 메뉴를 추천한다. 이때 회원의 구매 이력과 행태는 물론, 요일, 시간대, 날씨 등 구매 환경 데이터까지 종합적으로 고려된다. 스타벅스의 초개인화 전략은 단순 메뉴 추천을 넘어 고객 관리와 매장 운영 전반으로 확장되는 추세다.

뷰티 업계에서도 초개인화 기술이 각광받고 있다. 올리브영은 빅데이터 기반 자동화 AI 큐레이션 시스템을 도입해 고객 개개인에게 맞춤 상품과 뷰티 콘텐츠를 제안한다. 웹과 앱을 통한 온라인 구매 이력과 오프라인 매장의 구매 데이터를 통합 분석해 고객의 성향과 니즈를 파악하는 것이 특징이다. 올리브영은 온·오프라인을 아우르는 통합 데이터를 기반으로 개인화된 쇼핑 여정을 설계하고 접점별 최적의 마케팅을 수행하는 것을 목표로 한다. AI 초개인화 큐레이션 도입으로 인해 올리브영의 구매 전환율은 무려 20%나 상승한 것으로 알려졌다. 백화점도 발 빠르게 AI 뷰티 컨설팅에 나서고 있다. 롯데백화점은 VR, AR 기술을 접목한 메이크업 시뮬레이션 서비스를 제공한다. AI 알고리즘으로 고객의 얼굴형, 피부 톤 등을 분석해 어울리는 화장품을 추천하는 한편 가상으로 메이크업을 해 볼 수 있는 체험형 서비스다. 백화점 뷰티 매출의 70% 이상을 차지하는 색조 화장품 카테고리에서 특히 인기를 끌고 있다.

오프라인 유통 기업들은 수요 예측의 정교화를 위해 AI 기술 도입이 활발하다. 신선식품 전문몰 이마트 에브리데이는 AI 수요 예측 시스템을 통해 상품 발주와 재고 관리를 최적화했다. 과거 판매 데이터를 바탕으로 요일, 날씨 등 변수를 고려해 최적의 발주량을 도출하는 방식이다. 이를 통해 매장 재고를 20% 이상 감축하는 동시에 판매 기회 손실도 30%가량 줄였다. 교보문고도 AI 시스템과 협업해 도서 수요를 정교하게 예측하고 있다. 딥러닝 알고리즘으로 과거의 판매 추이와 소비 트렌드를 분석해 신간 도서의 초기 주문량을 최적화하는 것이 핵심이다. 그 결과 교보문고는 재고 부담을 낮추는 동시에 베스트셀러 적중률을 끌어올리는 성과를 거뒀다. 실제로 주요 신간 도서의 일주일 내 재입고율이 기존 15%에서 5% 미만으로 크게 낮아졌다.

고객 서비스 영역에서 AI 기술은 필수를 넘어 혁신의 핵심으로 자리 잡았다. 최신 AI 기반 CS 솔루션은 대기업부터 스타트업까지 폭넓게 도입되고 있으며, 특히 생성형 AI의 등장으로 그 활용도가 급격히 확대되는 추세다. 최근에는 옴니채널 고객 응대 서비스가 주목받고 있다. 이는 채팅, 이메일, 전화, 소셜미디어 등 모든 고객 접점을 통합 관리하면서 AI로 최적화된 응대를 제공하는 것을 이르는 말이다. 현재의 생성형 AI 챗봇은 GPT-4o와 같은 대규모 언어 모델을 기반으로 하여 사전 정의된 규칙에 얽매이지 않고 맥락을 이해하며 자연스러운 대화가 가능하다. 방대한 데이터를 학습하여 복잡한 질문에도 정확하고 상세한 답변을 제공할 수 있으며 고객의 감정까지 파악하여 공감적 응대가 가능하다.

더 나아가 생성형 AI는 단순 응대를 넘어 선제적 고객 케어로 진화하고 있다. 예를 들어 고객의 행동 패턴을 분석하여 문제가 발생하기 전에 미리 해결책을 제시하거나 개인화된 제품 추천을 통해 구매 전환율을 높이는 등 선제적인 서비스를 제공한다. 이러한 생성형 AI 기술은 24시간 끊김 없는 서비스 제공과 대기 시간 단축, 일관된 고품질 응대 등으로 고객 만족도를 크게 향상시키는 한편 기업의 운영 효율성과 비용 절감에도 크게 기여하고 있다. 앞으로 AI와 인간 상담사의 협업 모델이 더욱 고도화되면 복잡한 문제는 AI가 1차 분석 후 전문 상담사에게 연결하는 등 더욱 세밀한 고객 서비스가 가능해질 전망이다.

생성형 AI의 발전은 이커머스 산업의 판도를 근본적으로 바꾸고 있다. 이들 기술은 단순한 업무 효율화 도구를 넘어 비즈니스 모델 자체를 변혁시키는 핵심 동력으로 부상하고 있다. 초개인화된 쇼핑 경험, 다양한 생성형 AI 커머스 솔루션을 통한 판매자 지원, 예측적 커머스 실현 등이 가능해지면서 이커머스의 미래 모습이 빠르게 구체화되고 있다. 이제 이커머스 기업들은 고객의 목소리를 더욱 정교하게 듣고, 그 요구를 실시간으로 반영하며, 개인화된 경험을 제공할 수 있는 강력한 도구를 손에 넣게 되었다. 특히 중소기업이나 개인 셀러들에게 큰 힘이 될 수 있을 것이다. 하지만 기업 입장에서 인력 재교육, 막대한 인프라 투자 등 해결 과제도 만만치 않다. 또한 이커머스 플랫폼의 주요 플레이어인 셀러들이 AI 기반 커머스 시장에서 빅테크에 종속되지 않고 AI 기술의 혜택을 누릴 수 있는지 여부는 커머스 생태계의 건전성 관점에서 매우 중요한 문제다.

커머스에서 생성형 AI의 물결은 이제 시작에 불과하다. 기술이 고도화되고 적용 범위가 확대되면서 쇼핑 검색과 광고의 혁신은 가속화될 전망이다. 이 같은 대전환기를 맞아 이커머스 기업과 셀러 모두 발 빠른 AI 대응 전략 마련이 요구된다. 단순히 기술을 도입하는 차원을 넘어 AI를 비즈니스 전반에 녹여 내는 통찰과 실행력이 핵심 과제가 됐다. 대화하듯 물건을 찾고 나를 알아보는 광고를 만나는 쇼핑과 구매 경험. 생성형 AI가 그려 낼 이커머스의 미래다.

# 이제는 쇼핑이 아닌 '숏핑'이다

20대 대학생 A양은 평소 숏폼 콘텐츠를 즐겨 보는 Z세대다. 어느 날 인스타그램 릴스를 보던 중 한 패션 인플루언서가 소개하는 원피스가 눈에 들어왔다. 깔끔한 디자인에 세련된 핏이 마음에 쏙 들었지만 학생인 A양에게는 가격이 부담스러웠다. 바로 그때, 숏폼 영상 속 원피스를 클릭하니 비슷한 디자인의 알리익스프레스 상품 페이지로 연결되었다. 인플루언서가 입은 브랜드 상품은 30만 원대였지만 알리익스프레스의 추천 상품은 7만 원대에 불과했다. A양은 너무나 손쉽게 겟잇뷰티에 나온 듯한 원피스를 장바구니에 담을 수 있었다. 이번 쇼핑으로 숏폼 콘텐츠의 매력에 푹 빠진 A양은 앞으로도 인스타그램과 틱톡을 활용한 '숏핑'을 즐길 생각이다.

최근에는 재생 시간 1분 이내의 숏폼 콘텐츠가 이커머스의 새로운 플랫폼으로 급부상하고 있다. 그렇게 해서 탄생한 것이 숏폼과 쇼핑이 결합된 '숏핑'이다. 틱톡, 인스타그램 릴스, 유튜브 쇼츠 등 대부분의 플랫폼에서 숏폼 콘텐츠 재생 중 쇼핑 기능을 도입하면서 이커머스의 새로운 흐름이 되어 가고 있다. 특히 중국의 경우 숏폼 커머스가 전체 이커머스 시장의 20%를 차지할 정도로 급성장하며 기존 시장을 빠르게 대체하는 중이다.

숏폼은 한 번 보기 시작하면 계속 보게 되는 중독성이 있다. 앱

리테일 분석 서비스인 와이즈앱·리테일·굿즈가 2023년 9월 1인당 조사한 숏폼과 OTT 플랫폼의 월평균 사용 시간에 따르면 이미 국내 소비자들은 월평균 46시간 29분이라는 매우 긴 시간을 숏폼 콘텐츠 시청에 할애한다. 이에 따라 쿠팡, 네이버 등 대형 이커머스 플랫폼들도 숏폼 커머스에 적극적으로 뛰어들고 있다. AI 기술을 바탕으로 개인화된 숏폼 콘텐츠를 제공하고 사용자들의 관심사에 최적화된 상품을 노출하는 데 힘쓰고 있다.

숏폼 커머스의 영향력이 커지면서 전통적인 쇼핑 방식 자체가 빠르게 변화할 것으로 예상된다. 소비자들은 숏폼을 즐기는 와중에 순간적으로 구매를 결정하게 되는데, 이것이 각 업체의 매출에 미치는 잠재력은 매우 크다. 특히 숏폼의 개당 영상 길이는 매우 짧지만 해당 숏폼 플랫폼에서 머무는 고객의 체류 시간이 점점 길어지고 있다는 것에 주목해야 한다. 이는 숏폼 콘텐츠를 볼 때 한 번에 수십 개의 콘텐츠를 접하게 되고 그만큼 많은 수의 상품 광고에 노출될 수 있다는 것을 뜻한다. 플랫폼 입장에서는 이것이 엄청난 광고 매출로 작용할 수 있다. 예를 들어 30분 길이의 영상에서는 보통 재생 전 1~2개의 광고가 삽입되지만, 1분짜리 숏폼 콘텐츠 30개를 시청하는 동안에는 30개의 광고를 접할 수 있게 된다. 따라서 광고 노출 횟수가 획기적으로 증가하고 이는 자연스럽게 매출 상승으로 이어질 수 있다.

콘텐츠를 시청하다가 바로 쇼핑으로 연결되는 숏폼 커머스의 특성상 판매자의 상업적 의도가 다소 가려질 수 있다는 것도 숏폼 커머스의 장점이다. 기존 TV 홈쇼핑 영상은 쇼핑 호스트들이 지나치게 상업적인 목적을 드러내서 일부 소비자들에게 거부감을 주는 경우도 발생한다. 하지만 숏폼 콘텐츠에서는 재미있고 흥미로운 내용 속에 상품 정보를 자연스럽게 녹여 낼 수 있어 소비자들이 거부감 없이 더욱 쉽게 다가갈 수 있다는 이점이 있다.

숏핑에 대한 높은 관심과 매출 증대로 인해 기존 플랫폼들도 앞다투어 해당 기능을 도입하는 추세다. 네이버는 라이브에서 쇼핑용 짧은 소개 영상인 '네이버 쇼핑라이브 숏클립'을 선보였고 블로그, 뉴스 등에 흩어져 있던 짧은 영상 서비스를 모두 '네이버 클립'으로 통합했다. 영상 속 마음에 드는 장소나 상품은 네이버 스마트플레이스나 스마트 스토어에서 숏핑할 수 있는 기능도 추가되었다. 인스타그램의 릴스에서는 짧은 동영상을 시청하다가 관련 상품 태그나 계정 프로필을 클릭하면 외부 쇼핑 플랫폼에서 상품을 구매할 수 있다. 홈쇼핑 업계도 모바일 앱 배치를 숏폼 중심으로 재편중이다. GS샵은 모바일 앱 네비게이션 바 중앙에, CJ온스타일은 모바일 앱 화면 최상단에 숏폼을 배치했다. 또한 카카오스타일이 운영하는 패션 플랫폼 지그재그는 48시간 동안만 노출되는 숏폼 '스토리'에서 상품 태그 기능을 제공한다.

유튜브는 2023년 7월, 한국에 쇼핑 채널을 오픈한 뒤 글로벌 이커머스 플랫폼 쇼피파이, 카페24 등과 제휴를 맺고 쇼핑 관련 기능을 지속적으로 고도화해 왔다. 이에 더해 유튜브는 2024년 6월 국내 이커머스 1위 쿠팡과 손잡고 라이브 스트림, 숏츠 등 동영상 콘텐츠에 쿠팡 제품을 태그할 수 있게 했다. 크리에이터는 제휴사에서 제공하는 다양한 제품을 자유롭게 골라 콘텐츠에 태그하고 시청자가 제품을 구매하면 수수료를 지급받는다. 메조미디어의 조사에 따르면 쇼핑 광고를 가장 많이 접한 플랫폼 순위가 유튜브(51%)일 만큼 이커머스 시장에서 영상 기반 플랫폼의 영향력이 높아지고 있다.

버티컬 플랫폼에서도 자체적으로 숏폼을 도입하는 사례가 많아지고 있다. CJ ENM이 운영하는 '셀렙샵'은 이러한 트렌드를 반영한 대표적인 사례다. 셀렙샵은 개성과 전문성을 조화롭게 소개하는 패션 앱으로 국내외 디자이너 브랜드와 해외 명품 브랜드를 숏폼 형태로 쇼핑할 수 있는 패션 버티컬 플랫폼이다. 셀렙샵에서는 짧은 영상 형태의 숏케이스를 통해 소비자의 취향에 맞는 상품을 둘러본 후 쇼핑을 결정할 수 있어 사진 위주로 페이지가 구성된 다른 커머스 앱과는 차별화된 쇼핑 경험을 제공한다. 셀렙샵 측에 따르면 숏폼 캠페인을 전개한 이후 일일 이용자 수가 10배 이상 증가했고 체류 시간도 3배 이상 늘어났다고 한다. 앞으로 셀렙샵처럼 유튜브나 틱톡 등 기존 숏폼 콘텐츠 플랫폼에 의존하지 않고 자체적으로 숏폼을 운영하는 브랜드가 더욱 증가할 것으로 예상된다. 수수료 등의 비용을 절감할 수 있어 기업 입장에서 큰 이점이 될 수 있기 때문이다.

국내 대표 이커머스 솔루션 제공 플랫폼 카페24도 숏폼 콘텐츠 마케팅에 적극 나서고 있다. 카페24는 2022년 판매자들이 숏폼 마케팅을 쉽고 편리하게 가능하도록 지원하는 서비스인 '틱톡 채널'을 론칭한 데 이어 2023년에는 '찰나'와 같은 숏폼 비디오 서비스 앱을 연동하여 판매자가 손쉽게 숏폼 영상을 상세페이지에 노출시킬 수 있는 기능들을 추가했다. 2024년에는 상세페이지 수정 없이 간편하게 별도의 플로팅 팝업으로 영상을 재생할 수 있는 숏폼 콘텐츠 플레이어 '쇼츠24'를 도입했다. 이를 통해 카페24의 생성형 AI 콘텐츠 제작 툴인 '에디봇'을 활용하여 각 상품 상세페이지에서 원클릭으로 숏폼 콘텐츠를 재생할 수 있도록 기능을 개선했다. 2024년 6월에는 유튜브와 협약을 맺고 세계 최초로 몇 번의 클릭만으로 자신만의 쇼핑 채널을 개설할 수 있는 '유튜브 쇼핑 전용 스토어'를 출시했다. 기존의 유튜브 커머스는 자체 주문이나 결제 시스템 없이 쿠팡과 같은 외부 온라인 커머스 플랫폼을 링크하는 역할에 그쳤으나, 유튜브 생태계 내에서 쇼핑 스토어 개설부터 판매와 결제까지 가능한 시스템을 개설한 것이다. 카페24의 유튜브 쇼핑 전용 스토어는 카페24 자사몰이나 쿠팡 등 커머스 플랫폼에 입점하지 않아도 누구나 스토어를 개설할 수 있게 했다. 유튜브는 2024년 5월 기준 월간 활성화 이용자가 4,579만 명으로 국내 앱 중 1위를 차지했다. 카페24와 유튜브의 쇼핑 전용 스토어가 국내 커머스 시장에 어떤 파급력을 보일지 귀추가 주목되는 이유다.

무엇보다 생성형 AI의 발전은 숏핑 트렌드를 더욱 가속화할 수 있는 환경을 조성하고 있다. 이제 AI는 단순한 이미지는 물론 실제 현장에서 촬영한 듯한 영상까지 손쉽게 생성할 수 있게 되었다. 영상의 길이 역시 자유자재로 조절할 수 있다. 따라서 누구나 손쉽게 숏핑 콘텐츠를 제작할 수 있게 되었고 이를 통한 구매 행위는 더욱 증가할 것으로 예상된다.

숏폼 커머스가 새로운 이커머스의 트렌드로 부상하면서 추후 이커머스의 상품 광고들은 기존 검색이나 카테고리 기반의 광고에서 벗어나 개인의 관심사에 최적화된 상품을 짧고 임팩트 있게 제안하는 방식이 주를 이루게 될 것이다. 여기에는 MZ세대의 특성도 큰 영향을 미쳤다. 짧은 시간에 많은 정보를 소비하는 것에 익숙한 MZ세대에게 15초 내외의 상품 설명 영상은 최적의 숏핑 콘텐츠인 셈이다. 이들은 자신의 취향에 꼭 맞는 상품을 발견하면 바로 구매로 이어지는 성향도 뚜렷하다. 그렇기 때문에 AI 알고리즘이 제안하는 맞춤형 상품 큐레이션은 MZ세대 사로잡기에 최적화된 전략이라 할 수 있다. 동영상 기반 SNS 이용이 보편화되고 AI 기술이 빠르게 고도화되는 만큼 숏폼 커머스의 성장세 또한 가속화될 것으로 예상된다. 이에 향후 이커머스 기업들의 차별화 전략에서 숏폼 콘텐츠 경쟁력이 핵심을 차지할 것으로 보인다. 짧은 시간 안에 상품의 특장점을 극대화하고 소비자의 구매 욕구를 자극하는 크리에이티브가 승부수가 될 수밖에 없기 때문이다. 동시에 방대한 데이터를 바탕으로 개인의 취향을 정교하게 분석하고 상품을 추천하는 AI 알고리즘의 역량도 숏폼 커머스 성패를 가를 주요 변수로 꼽힌다.

숏핑은 소비자들에게 편의성과 즐거움을 선사하는 한편 충동구매의 위험성이라는 함정에 빠지게 할 수 있다. 이는 기업들에게 새로운 기회와 도전 과제를 동시에 안겨 준다. 기업들은 소비자의 구매 심리를 자극하는 매력적인 콘텐츠를 제작하려는 노력과 함께 충동구매를 방지하고 합리적인 소비를 유도하기 위한 노력도 병행해야 할 것이다. 아울러 치열해지는 가격 경쟁 속에서도 차별화된 가치를 제공함으로써 지속 가능한 성장을 도모해야 하는 과제가 주어졌다. 숏핑의 시대에는 AI가 소비자의 욕구를 먼저 포착해 다양한 숏폼 콘텐츠로 상품을 추천한다. 그리고 소비자는 단 15초 만에 구매를 결정한다. 이러한 변화의 물결 속에서 과연 어떤 이커머스 플랫폼이 차세대 주자로 부상할지 주목된다.

# Chapter 5

# 01

생성형 AI로
강력해지는
콘텐츠 생성

## 콘텐츠 제작에서 콘텐츠 생성으로

"세상에서 가장 상징적인 버거는 무엇인가? What is the most iconic burger in the world?"

2023년 4월, 맥도날드의 브라질 지사는 위의 질문에 대한 챗GPT의 답변을 그대로 출력하여 옥외광고 소재로 사용했다. 챗GPT가 가장 상징적인 버거로 답변한 것은 맥도날드의 빅맥이었다. 챗GPT는 빅맥을 1967년 출시된 패스트푸드의 대명사라 언급하며 빅맥의 재료와 빅맥지수에 대한 이야기도 덧붙였다.

해당 광고가 인기를 끌자 버거킹도 맞불을 놓았다. 챗GPT에게 "그렇다면 가장 큰 버거는? And which one is the biggest?"이라는 질문을 통해 버거킹의 와퍼가 가장 크다는 답변을 얻은 것이다. 버거킹은 답변 내용을 맥도날드의 광고판에 나란히 배치했다. 고객들은 두 회사의 재미있는 광고 배틀에 호평을 보냈다.

IT업계에서 통용되는 표현들을 '판교 사투리'라 부르는 것처럼

→ 챗GPT 답변으로 만든 맥도날드와 버거킹의 광고    출처: Ad Age
*포르투갈어 광고판을 영어로 번역한 이미지입니다.

각 업계는 저마다의 독특한 용어들을 가지고 있다. 당연히 마케팅 업계에도 이러한 사투리가 있다. 그 중 하나가 '덕션'이다. 이는 영단어 Production을 줄여서 부르는 말로, 광고소재creatives를 포함한 콘텐츠 제작을 주업으로 하는 비교적 규모가 작은 제작사를 일컫는다. 오랫동안 소재를 포함한 여러 유형의 콘텐츠는 덕션들이 제작해 왔다. 그런데 이제는 생성형 AI가 이 역할을 맡게 되었다. 생성형 AI는 단순한 텍스트부터 복잡한 이미지와 동영상까지 다양한 콘텐츠를 생성할 수 있다.

가장 먼저 영향을 받는 것은 단연 텍스트 기반의 콘텐츠다. 마이크로소프트의 웹 브라우저 엣지에서 제공하는 코파일럿 기능이 대표적이다. 코파일럿 메뉴에서는 '채팅'과 '작성' 기능을 사용할 수 있는데 이 중 작성 기능은 사용자가 입력한 작성 주제에 대해 지정한 톤과 형식, 길이에 맞춰 글을 생성해 준다. 아직은 서비스 초기라서 '초안 생성'만 가능하지만 향후 성능 개선을 통해 '글 생성하기' 기능까지 발전할 것으로 전망된다.

⌐→ 엣지 브라우저의 작성 기능

한편 미드저니, 달리와 같은 도구가 확산되면서 이미지 콘텐츠의 생성도 일반화되고 있다. 일반적으로 광고 소재는 캠페인 기간 동안 반복적으로 노출되는 키비주얼Key visual을 제작한 뒤 이를 상황과 크기에 따라 변형하는 다양화 작업Variation을 통해서 완성된다. 예를 들어 바닷가에서 시원하게 음료수를 마시는 모델의 사진이 키비주얼이라면, 모델의 전신 사진을 활용해 세로로 긴 배너광고를 만들거나 모델의 상반신 사진으로 가로로 넓은 배너광고를 만드는 것이 다양화 작업이다. 미드저니 등이 확산되기 이전에는 생성형 AI가 주로 다양화 작업에 사용되었는데 2023년 6월 삼성생명이 생성 이미지를 사용한 TV광고를 송출한 이후 국내에서 생성 이미지를 키비주얼로 활용하는 광고가 늘어나고 있다.

11번가는 2023년 진행된 바캉스 프로모션 배너의 키비주얼을 미드저니로 생성했다. 흥미로운 점은 자사의 블로그 계정에 이미지 생성에 사용한 프롬프트를 공개했다는 것이다. 광고 소재를 생성하기 위해 입력한 프롬프트는 "three people playing on the beach, summer, blue sea, desert island, shopping + pixar, advertising, Simple, Minimal, 3d, illustration --s 1000"이다. 프롬프트의 대부분은 그림에 등장시킬 것들을 단순히 열거한 것에 불과하다. 여기에 예술성이 강한—s 1000 픽사 스타일+ pixar로 이미지를 생성하라는 프롬프트를 덧붙임으로써 멋진 키비주얼을 만들어 낸 것이다.

→ 미드저니로 생성한 최종 배너 광고 　　　　　출처: 11번가 DESIGN 브런치
*점선 안쪽 가운데 부분이 미드저니로 생성된 이미지입니다.

　미드저니로 생성된 이미지는 최종 배너 광고의 가운데 부분에 불과하다. 그렇다면 좌우의 나머지 부분은 어떻게 채웠을까? 그 역시도 생성형 AI가 활용되었다. 어도비 포토샵의 '생성형 채우기 Generative Fill' 기능을 사용하여 기존 이미지에 없던 부분을 생성해 본래 하나의 이미지처럼 보이도록 완성했다.

　이미지 생성이 중급 단계라면 동영상 제작은 콘텐츠 생성의 정수라 할 수 있다. 동영상은 텍스트를 음성으로 변환하고, 이미지를 연속적으로 연결하는 고도의 기술을 요구한다. 그럼에도 AI로 생성된 동영상 콘텐츠들은 이미 광고 소재로 활용되고 있을 정도로 완성도가 높다.

　2023년 7월 LG유플러스는 자체 개발한 생성형 AI 익시ixi를 활용해 유튜브 광고 영상을 제작했다. 이 영상은 아이디어를 시나리오로 정리하는 과정에서부터 생성형 AI가 활용되었다. 재생 시간이 약 3분인 영상은 AI로 만든 소스 동영상 300여 개와 음성AI로 만든 내레이션을 연결하는 작업이 병행되었음에도 불구하고 비슷한 수준의 동영상을 만드는 데 필요한 작업 시간의 1/3, 제작비의 1/4이 투입된 것으로 알려졌다. 생성형 AI가 콘텐츠 제작에 필요한 리소스를 획기적으로 절감시키는 것이다.

하지만 2024년 2월 오픈AI가 소라를 공개하면서 AI로 만든 짧은 소스 동영상을 이어 붙이는 수고마저도 사라질 수 있음을 예고했다. 소라의 사용법은 매우 간단하다. 챗GPT를 사용하는 것처럼 프롬프트를 입력하면 실제 촬영한 것과 같은 영상이 생성된다. 소라는 일본어로 하늘을 의미하는데 그 이름처럼 무한하고 창의적인 잠재력과 아이디어를 손쉽게 동영상 콘텐츠로 생성하게 된 것이다. 특히 소라는 장면이 전환되어도 주인공의 모습을 일관성 있게 생성한다는 점이 다른 동영상 생성 도구와 차별화되는 점으로 꼽힌다.

소라의 등장으로 광고주들은 큰 기대를, 광고대행사와 지명도가 낮은 모델은 큰 위기감을 느끼고 있다. 기존에는 영상광고를 만들 때 광고주는 제작자들이 그린 스토리보드로 완성될 광고를 상상할 수밖에 없었는데, 이제는 AI로 미리 광고 영상을 생성해 보고 이를 참고로 더 많은 사항을 요구할 수 있게 되었다. 또한 지명도가 낮은 모델을 활용하던 광고들이 AI모델이 등장하는 생성형 광고로

대체되면서 광고주가 대행사를 거치지 않고 직접 광고를 제작하는 경우가 늘어났다. 이런 변화로 인해 광고대행사와 모델의 수익이 감소할 것이라는 우려도 있다. 소라는 공개 초기에 일부 전문가에게만 제공되었으나 2024년 연말까지 대중에게 공개될 예정이다. 이를 두고 여러 SNS에서는 다양한 영상이 AI로 생성됨에 따라 영화를 제작하는 할리우드가 소라우드로 대체될 것이라는 우려 섞인

밈이 돌기도 했다.

사실 할리우드가 우려하는 미래는 현재진행형이다. 이미 AI 영화제가 열리고 있기 때문이다. 2024년 3월 두바이 국제 AI 영화제에서는 생성형 AI만으로 제작한 한국 영화 〈원 모어 펌킨〉이 대상을 받았다. 영화의 내용은 이렇다. 200살 노부부에게 저승사자가 찾아온다. 노부부는 호박죽으로 저승사자를 꾀어서 죽인 뒤 호박밭에 매장한다. 이후 저승사자를 비료 삼아 재배되는 호박밭에 저주스러운 일들이 생겨난다는 이야기다. 서울 탄천에 얽힌 삼천갑자 동방삭 설화를 반전시킨 듯한 이 영화는 실제 촬영 없이 단 5일 만에 완성된 것으로 알려졌다. 특히 영화에는 실제 촬영을 했다면 배우들에게도 트라우마가 되었을 만큼 징그러운 장면이 많이 등장한다. 이러한 점에서 AI 영화제는 현실적으로 촬영이 어려운 장면을 영화화해 볼 수 있는 좋은 실험장이 될 수도 있다.

제작 환경의 변화와 〈원 모어 펌킨〉의 수상을 계기로 우리나라에서도 AI 영화제가 열리게 되었다. 부천국제판타스틱영화제 BIFAN는 2024년부터 영문명을 BIFAN+로 바꾸고 AI 영화 국제경쟁 부문을 신설함으로써 외연을 확장하고 있다. 또한 부산 소재의 영화의전당은 2024년 12월에 부산국제인공지능영화제를 개최할 예정이다. 통상적으로 10월에 부산국제영화제가 개최된다는 점을 고려했을 때 두 영화제는 올림픽과 패럴림픽처럼 상호연관성을 가지는 이벤트로 발전해 나갈 것으로 보인다.

　생성형 AI로 동영상 제작까지 가능해지며 이를 활용한 디지털 광고 시장 규모는 점차 확대될 것으로 전망된다. 블룸버그통신 산하 경제연구소인 블룸버그 인텔리전스는 2032년까지 생성형 AI 시장이 1조 3,000억 달러로 성장할 것이며, 그중 약 1/6인 1,920억 달러는 디지털광고 시장이 될 것이라고 전망하였다. 현재 오프라인에서 제작되는 동영상 콘텐츠의 상당 부분이 AI를 활용해서 생성됨에 따라 성장할 것으로 전망했기 때문이다.

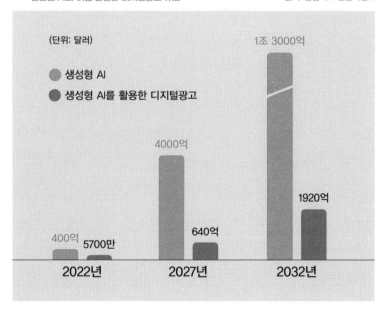

생성형 AI와 이를 활용한 디지털광고 규모　　　　출처: 블룸버그 인텔리전스

(단위: 달러)

● 생성형 AI
● 생성형 AI를 활용한 디지털광고

1조 3000억

4000억

1920억

400억　5700만　　640억

2022년　　　2027년　　　2032년

이토록 급격한 성장 전망에는 생성형 AI의 잠재력과 AI 도구에 대한 요금 상승이 반영되어 있다. 현재 대다수 생성형 AI 도구들은 시장 저변을 확대하기 위해서 무료 혹은 저렴한 요금으로 이용이 가능하다. 그런데 생성형 AI 도구에 대한 고객들의 의존성이 높아지면 마치 쿠팡 와우 멤버십이 그랬던 것처럼 생성형 AI 기업들이 점진적으로 가격을 인상할 수도 있다. 오피스 앱인 마이크로소프트 365와 같이 B2B 시장으로 성장할 수도 있다.

만약 생성형 AI 시장 성장에 따라 이용 요금이 상승하게 된다면 한국방송광고진흥공사의 아이작 AiSAC 같은 공공기관 혹은 협회에서 제공하는 무료 생성형 AI 서비스의 수요도 증가할 것으로 보인다. 한국방송광고진흥공사는 지상파 방송사들의 광고를 판매하고 송출하기 위해서 광고 소재 전송시스템 KODEX 을 운영하는데, 이 과정에서 20만 편이 넘는 광고 영상을 축적할 수 있었다. 아이작은 축적된 광고 영상을 바탕으로 중소기업들이 광고 제작에 필요한 작업을 수행할 수 있도록 생성형 AI 서비스를 제공한다.

2021년 AI 광고 영상 아카이브 서비스로 시작한 아이작은 2022년에는 AI 스토리보드 제작 지원 서비스, 2023년부터는 AI 카피 제작 지원 서비스를 제공하고 있다. 2024년에는 광고 스토리라인 자동 생성 기능까지 추가하였다. 아직 아이작이 제공하는 기능과 인터페이스가 유료로 제공되는 생성형 AI 도구에 미치지 못한다는 평가가 있지만 우리나라 광고 환경에 맞는 콘텐츠를 생성한다는 것은 강점으로 꼽힌다. 우리나라 광고 문구에는 '최고', '최신'과 같은 문구의 사용이 제한되는데 아이작은 이러한 제약 사항을 잘 반영한 카피를 생성해 나쁘지 않은 클릭률을 달성했다는 실험 결과가 온라인 마케팅 포털 아이보스에서 공유된 적도 있다.

이러한 변화 속에서 '마케팅을 잘한다'는 의미도 달라지고 있다. 과거에는 강렬한 메시지를 담은 콘텐츠를 황금 시간대 TV 광고에 노출시키는 웅변과 같은 마케팅이 인정받았다면, 이제는 소비자의 니즈, 상황에 적합한 메시지를 전달하는 대화와 같은 마케팅이 좋은 마케팅으로 인식되고 있다. 따라서 기업들은 좋은 대화처럼 느껴지는 마케팅을 위해서 많은 콘텐츠를 준비해야 한다. 콘텐츠 제작에 있어 생성형 AI가 주목받는 이유는 단순히 그 기술이 신선해서가 아니라 시대적으로 필요한 시점이 되었기 때문이다.

## 콘텐츠가 타기팅이 되는 미래

해외여행을 계획하며 스카이스캐너 Skyscanner 와 같은 서비스에서 항공권을 검색하면 그 이후부터 검색했던 여행지를 비롯한 다양한 여행 관련 광고를 접하게 된다. 이러한 광고들은 서드파티 쿠키 Third-party cookies 를 통해 수집된 나의 항공권 검색 이력이 데이터 전문 기업에 전송된 뒤 그 기업과 계약을 맺은 광고주가 '○○지역 항공권을 검색한 고객'을 대상으로 하는 타기팅 광고를 통해 노출된 것이다.

이러한 광고는 고객에게 추적당하는 느낌을 줄 뿐만 아니라 고객 동의를 받지 않은 서드파티 쿠키를 활용하기 때문에 개인정보 보호 관점에서 많은 문제가 제기되어 왔다. 이에 대응하여 애플의 사파리 브라우저는 2017년부터 서드파티 쿠키를 차단했고, GDPR General Data Protection Regulation 같은 강화된 개인정보 보호 규정을 선도적으로 채택하려는 기업들이 쿠키리스cookieless 전략을 선택하는 추세가 확산되고 있다.

하지만 상당 기간 쿠키리스의 확산에도 불구하고 우리는 여전히 타기팅 광고를 접하고 있다. 이는 구글이 쿠키리스에 미온적이기 때문이다. 사실 구글도 오래전부터 자사의 인터넷 브라우저 크롬에서 서드파티 쿠키를 차단할 것을 시사했지만 코로나19 등을 이유로 이를 연기했다. 크롬에서 서드파티 쿠키가 차단되면 수익성이 높은 타기팅 광고가 위축됨에 따라 구글이 공들여 구축한 디지털 광고 생태계 전체가 혼란에 빠질 수 있기 때문이다. 그래서 구글은 2024년 연말까지 일괄적으로 쿠키리스를 적용하려 했던 계획을 2024년 7월에 공식적으로 철회하는 대신 소비자가 쿠키 차단 여부를 선택할 수 있도록 정책을 변경했다. 이로 인하여 서드파티 쿠키는 좀 더 천천히 사라질 것으로 보인다.

2017년 이후 쿠키리스가 확산되는 동안 광고업계는 서드파티 쿠키 차단에 대비한 다양한 대안을 마련하였다. 가장 대표적인 것이 바로 문맥 타기팅 Contextual targeting 이다. 마케팅 조사 기관 이마케터는 2023년 11월 미국 마케터들을 대상으로 쿠키리스에 대한 대응 방안을 조사했는데 응답자가 80%가 문맥 타기팅을 쿠키리스의 대안으로 활용 중이며 향후 1년 이내에 사용하겠다는 응답자도 13%에 달했다.

문맥 타기팅은 쉽게 말해서 스마트폰과 관련된 콘텐츠를 보고 있는 고객에게 스마트폰 광고를 노출하는 것이다. 호주의 인터넷 광고협회가 2021년 발간한 문맥 타기팅 핸드북에 따르면 고객의 86%는 지금 읽고 있는 콘텐츠와 관련 있는 광고에 더 호감을 느끼는 것으로 조사되었다. 서드파티 쿠키를 활용한 광고가 고객에게 추적당하고 있다는 부정적 감정을 느끼게 하는 것과 대조적이다.

문맥 타기팅은 고객의 구매 의사 결정 과정 관점에서 활용 가치가 높다. 제일기획의 리서치 결과에 따르면 스마트폰 구매를 2~3개월 앞둔 시점에서는 통신사 요금제나 기기 변경 혹은 번호 이동에 따른 혜택을, 1개월 앞둔 시점에서는 스마트폰 제조사 브랜드를 많이 검색하는 것으로 나타났다. 이 같은 점에 착안해 스마트폰 신제품 출시에 앞서 통신사 요금제를 소개하는 페이지에 3개월 기한의 할인 쿠폰을 제공한다는 광고를 노출하면 유의미한 구매 전환율 상승을 기대해 볼 수 있다.

시장 조사 기관 리포트링커닷컴에 따르면 2023년 2,200억 달러 정도로 추산되는 전 세계 문맥 타기팅 광고 시장은 연평균 14%가량 성장하여 2027년까지 3,762억 달러 규모에 달할 것으로 전망되었다. 그리고 이 성장은 콘텐츠 제작자와 광고주를 중개하여 문맥 타기팅 광고가 집행될 수 있게 하는 매체사가 주도할 것이다.

2023년 4월 네이버 성과형 디스플레이 광고 플랫폼에 문맥 타기팅 상품인 커뮤니케이션 애드가 추가되었다. 이 상품은 네이버 카페 서비스에서의 광고와 관련되어 있는데, 카페 게시물에서 '자동차'라는 키워드가 인식되면 해당 페이지에 자동차 광고를 노출하는 방식으로 운영된다. 그런데 이런 키워드 기반 문맥 타기팅을 사용하다 보면 가끔 아쉬운 경우가 발생한다. 예를 들어 본문에 '배터리 수명이 짧다'라는 표현이 있다면 이는 배터리에 대한 부정적인 의미를 전달하는 것이다. 이 상태에서 배터리 광고가 노출된다면 자칫 광고하는 상품의 배터리 수명이 짧다고 기억될 수도 있다. 그래서 키워드를 넘어서 콘텐츠의 의미론적 요인까지 고려한 타기팅 상품도 등장하고 있다.

광고매체 판매 대행을 하는 대표적인 미디어렙Media Representative 나스미디어는 2024년 3월 의미론적 문맥 타기팅 상품을 출시했다. 이를 활용하면 키워드의 등장뿐만 아니라 콘텐츠에서 긍정적 또는 부정적 의미로 사용되는지에 따라 광고를 노출하거나 회피하는 것도 가능하다. 달리 말하면 문맥 타기팅은 잘못된 지면에 광고가 노출되지 않도록 브랜드의 안전을 유지하는 데 도움을 준다. 그래서 마케팅 데이터 전문 기업 로테임은 문맥 타기팅을 마케터뿐만 아니라 양질의 광고 지면을 공급해야 하는 매체사들이 더 신뢰한다는 조사 결과를 발표하기도 하였다.

향후 문맥 타기팅 광고는 생성형 AI와의 결합으로 더욱 발전할 것으로 예상된다. 현재의 문맥 타기팅은 매체사가 콘텐츠의 문맥을 인식한 뒤 관련된 광고주가 사전에 제작한 광고 소재를 해당 콘텐츠에 노출하는 형태로 이루어진다. 그러나 앞으로는 생성형 AI를 활용해 콘텐츠 내용과 맥락이 일치하는 광고 소재를 생성함으로써 소재의 자동화까지 구현될 수도 있다. 예를 들어 '경쟁사 제품의 배터리 수명이 공개된 정보보다 짧다'라는 내용의 뉴스 기사 페이지에서 '배터리 수명이 긴 자사 제품'과 같은 광고 소재가 생성되어 노출되면 뉴스 독자를 자사의 잠재 고객으로 유인할 수 있다. 즉, 문맥 타기팅에 생성형 AI가 결합되어 콘텐츠와 광고 소재의 연관성이 높아지면 더욱 효과적인 커뮤니케이션이 가능해진다는 의미다.

앞으로 서드파티 쿠키의 수집이 제한되는 반면, 콘텐츠 생성과 맥락 타기팅의 중요성이 커진다는 점은 장기적인 관점에서 다음과 같이 해석될 수 있다. 디지털 마케팅은 기본적으로 '누구에게 무엇을 어떻게' 전달할지에 대한 문제를 데이터 기반으로 풀어 나가는 것이다. 이때 '누구에게'는 광고 타깃, '무엇을'은 광고 소재, '어떻게'

는 광고 매체를 중심으로 하는 최적화된 운영 방안을 의미한다. 이 중에서 '누구에게'와 '어떻게'에 대해서는 지난 10여 년간 각각 빅데이터와 그로스 해킹 Growth Hacking 이라는 이름으로 과학적인 해법을 찾아 왔다. 반면 콘텐츠 분야에 대한 과학적 접근은 상대적으로 느린 속도로 진행되었고, 빅데이터나 그로스 해킹처럼 인상 깊은 단어로 압축되지 못했다.

그런 의미에서 콘텐츠 생성은 생성형 AI를 활용해 디지털 마케팅의 '무엇을'에 대한 해법을 찾아가는 과정을 의미하게 될 것이며, 문맥 타기팅이 그 과정을 지원할 것으로 기대된다. 특히 기업의 고객 데이터 수집이 제한됨에 따라 콘텐츠의 중요성이 이전보다 더 커질 것으로 보인다.


## 생성형 AI와 마케팅


2024년 5월, 구글 마케팅 라이브에서 마케팅과 광고의 새로운 시대를 열어 갈 큼직한 변화들이 발표되었다. 구글 마케팅 플랫폼에 여러 AI 기술이 결합되면서 광고 제작부터 데이터 관리, 성과 분석에 이르기까지 전방위적인 변화가 예고되었기 때문이다. 여러 발표 내용 중에 첫 번째 순서는 생성형 AI를 통한 광고 소재 생성에 대한 것이었다. 구글은 그동안 광고 매체별 예산을 가장 효율적으로 배분해서 성과를 극대화하는 퍼포먼스 맥스 Performance Max 캠페인 기능을 제공해 왔다. 이번 발표에서 구글은 해당 기능을 강화해 예산 배분을 광고의 타깃, 소재, 매체 조합별로 세분화하여 마케팅 성과를 극대화할 수 있도록 광고 소재를 자동 생성하는 기능을 선보였다. 이는 디지털 마케팅이 풀어야 하는 '누구에게, 무엇을, 어떻게' 전달할지의 문제를 처음부터 끝까지 AI로 해결할 수 있음을 보여 준 것이다.

구글과 같은 매체사뿐만 아니라 생성형 AI 개발 업체도 디지털 마케팅의 모든 과정을 AI로 해결하려는 시도를 하고 있다. 파이온 코퍼레이션은 URL만 입력해도 1분 만에 영상을 만들어 주는 서비스인 브이캣 VCAT 을 개발하였다. 브이캣에 URL을 입력하면 해당 페이지에 있는 이미지와 텍스트, 심지어 이미지에 포함된 텍스트까지 인식해서 광고 소재가 생성된다. 이를 통해 홈페이지나 커머스 사이트에 제품 정보를 올려 놓은 기업들이 손쉽게 동영상 광고를 생성할 수 있게 한다. 브이캣의 역할은 소재를 생성하는 것에서 끝나지 않는다. 판매 데이터와 연동할 경우 판매량이 높은 제품의 영상과 그렇지 않은 제품의 영상을 비교하여 이미 생성된 소재를 수정할 수도 있다. 구글은 매체 예산 최적화에서, 브이캣은 콘텐츠 생성에서 출발했지만 그 종착점은 광고의 타깃, 소재, 매체 전반을 자동화하는 방향이라는 점이 흥미롭다. 이처럼 생성형 AI가 디지털 마케팅 전 영역과 결합함으로써 진정한 마케팅 자동화가 실현되고 있다.

    생성형 AI는 마케팅 분야의 혁신을 가져올 기술임이 분명하지만 여러 어두운 면도 함께 수반된다. 보이스피싱에서도 사용되기 시작한 딥페이크 위협의 확산이 대표적이다. 이에 대응하기 위해 디지털 콘텐츠 출처와 진위 여부를 확인하는 기술을 개발하는 C2PA 연합에 참여하는 기업이 늘고 있다. 2021년 어도비, 마이크로소프트, 인텔 등의 주도로 만들어진 C2PA Coalition for Content Provenance and Authenticity 는 현재 구글, 메타, 틱톡, 오픈AI, 셔터스톡 등 1,500여 개 이상의 기업이 참여하고 있다. C2PA 표준 기술인 콘텐츠 인증을 적용하면 타사 플랫폼에서 제작된 AI 콘텐츠에도 AI 생성 라벨을 자동으로 붙일 수 있다. 이 라벨은 AI 생성 콘텐츠가 언제, 어디서, 어떻게 제작되고 편집되었는지 알 수 있게 한다.

    가장 대표적인 기술은 C2PA에 가입한 구글 딥마인드의 신스 ID SynthID 다. 신스ID의 원리는 복제되었거나 용도가 제한되었음을 표기하는 워터마크로 비유된다. 신스ID는 전자적으로 인식되는 워터마크를 AI가 생성한 콘텐츠에 삽입해 콘텐츠가 AI로 생성되었음을 높은 정확도로 인식하는 기술이다. 구글의 CEO 순다르 피차이는 연례 개발자 회의 구글 I/O 2024에서 이미지와 오디오에 적용되던 신스ID 기술을 2024년 내에 텍스트와 동영상까지 확대 적용할 것이라고 발표했다.

이와 함께 AI 생성 라벨을 가시화하는 작업도 이루어지고 있다. 인스타그램과 페이스북을 보유한 메타는 2024년 5월부터 AI가 생성한 콘텐츠에 'AI로 제작 Made with AI' 라벨을 붙이고 있다. 이전에는 AI로 조작된 콘텐츠를 삭제해 왔지만 이는 표현의 자유를 침해할 뿐만 아니라 콘텐츠의 생성 속도를 따라잡기 어려워 한계가 드러났다. 이에 메타는 AI 이미지를 식별하는 업계 표준의 방식을 기준으로 AI 이미지를 감지하거나 이용자가 AI 생성 콘텐츠를 업로드한다고 밝혔을 때 'AI로 제작' 라벨을 붙일 계획이라고 공개했다.

하지만 딥페이크를 악용하여 얻는 이익 때문에 신스ID 등 콘텐츠 인증 기술을 우회하려는 시도는 계속될 것이며 이에 따른 고객 피해도 사라지지는 않을 것이다. 그러나 적어도 업계가 관련된 문제를 인지하고 대응책을 개발하고 있으므로 딥페이크를 막는 방법이 현재보다는 정교해질 것으로 보인다. 그 외에도 콘텐츠 생성과 관련해서 잘못된 데이터를 학습하여 생성되는 편향적 콘텐츠, 이를 그대로 사용함에 따라 브랜드 이미지가 훼손되는 브랜드 안전 이슈, 생성된 콘텐츠에 대한 저작권 문제 등도 잠재적인 리스크로 지적되고 있다. 이러한 문제들을 해결하기 위해 기업과 규제 당국이 협력하여 사회적 합의와 적절한 해결 방안을 적극적으로 마련해야 할 것이다.

# 02

# 콘텐츠 생성을
# 가능하게 하는
# 검색의 변화

## 진화한 검색 엔진

2024년 5월, 구글의 검색 알고리즘이 유출되었다는 보도가 나왔다. 약 2,500페이지 분량의 문서에는 구글 검색 결과의 순서가 어떻게 결정되는지에 대한 내용이 담겨 있었다. 이는 2024년 3월 코드 관리 서비스인 깃허브에 실수로 업로드되었다가 삭제된 것을 누군가 입수한 뒤, 전문가의 확인을 거쳐 공개된 것이다. 구글은 유출 사실을 인정했다.

원래 구글 검색 결과는 '연관 키워드'와 '페이지 중요도'에 의해 결정되는 것으로 알려졌다. 구글은 공개된 웹페이지들을 수집하여 자주 등장하는 단어와 백링크Back link, 즉 정보의 출처로 인용된 다른 웹페이지 주소를 추출한다. 그 뒤 백링크로 자주 인용되는 페이지를 '페이지 중요도'가 높다고 인식하고, 인용되는 페이지와 인용하는 페이지에 양쪽 모두에서 자주 등장하는 단어를 '연관 키워드'로 정의한다. 이런 과정을 통해 우리가 검색어를 입력하면 이를 연관 키워드로 삼는 중요도 높은 페이지가 검색 결과 상단에 노출

된다. 예를 들어 구글에서 '전국 골프장'을 검색하면 아래 그림과
같이 대한골프협회, 공공데이터포털, 나무위키 사이트의 골프장 리
스트가 검색 결과 상단에 노출되는데 이는 이들 리스트가 골프장
이라는 단어를 포함하는 페이지에서 자주 인용되기 때문이다.

구글 '전국 골프장' 검색 결과

물론 '연관 키워드'와 '페이지 중요도'는 가장 중요한 기준이지만 검색 결과를 결정하는 모든 요소는 아니다. 한국어로 검색하면 우리나라 사이트들이 상위에 노출되듯이 구글 검색 결과에 영향을 미치는 다른 요인들이 존재할 것이라고 추측되었는데 이번 문서 유출로 그 사실이 확인되었다. 유출된 문서에 따르면 구글 검색 결과는 1만 4,000여 개 속성에 따라 결정된다. 여기에는 페이지 중요도와 연관 키워드 외에도 사이트의 권위, 전문성, 콘텐츠의 최신성뿐만 아니라 크롬브라우저로 수집되는 사용자 경험까지 고려되는 것으로 전해졌다. 다른 검색어들을 입력해도 위키피디아나 나무위키 검색 결과가 비교적 상단에 위치하는 이유도 해당 사이트가 권위, 전문성, 트래픽이 높은 사이트로 분류되어 있으며, 크롬 브라우저로 측정된 페이지 체류 시간 등이 길어 사용자 만족도가 문서로 인식되었기 때문이다.

구글의 검색 결과는 위와 같이 다양한 속성을 고려하여 결정되기 때문에 사용자의 만족도가 높은 편이다. 이는 점유율로도 확인된다. 트래픽 분석사이트 스탯카운터가 발표한 2024년 4월 검색엔진 점유율은 90.9%다. 전 세계에서 브라우저에 입력되는 검색어 10개 중에 9개는 구글 검색창에 입력된다는 의미다.

하지만 구글은 검색 시장에서 독보적인 위치를 차지하고 있음에도 챗GPT로 인한 경쟁 심화 때문에 위기의식을 느끼고 있다. 사실 스탯카운터 기준 구글의 검색 점유율 90.9%는 2018년 8월 이후 최저치다. 통상적으로 구글의 점유율이 92% 이상 유지되었던 것에 비하면 1%p 하락한 것인데, GPT와 결합한 마이크로소프트의 검색 엔진 빙의 점유율은 전년 동기 대비 0.9%p 증가한 3.6%를 기록하면서 구글 점유율의 하락분을 흡수했다. 더욱이 검색 엔진 시장에 포함되지 않은 챗GPT 등의 챗봇을 활용한 검색과 2024년 5월 이후 윈도우PC에 내장된 코파일럿 검색을 고려하면 시장 점유율의 분모에 집계되지 않은 검색량이 훨씬 더 많을 것이다. 따라서 검색 시장의 전체 규모와 구글의 실질적인 점유율은 생각보다 더 큰 폭으로 하락하고 있을 가능성이 크다. 특히 2024년 5월에 공개된 GPT-4o, 7월에 공개된 서치GPT의 등장은 검색 엔진 대신

→ 챗GPT 대화 내용: '한국에 있는 골프장을 리스팅해 줘'

한국에 있는 골프장을 리스팅해 줘

사이트 5개 검색함

한국에는 여러 유명한 골프장이 있습니다. 여기에는 일부 주요 골프장을 포함하여 다양한 옵션들이 있습니다.

1. Sky72 골프클럽: 인천국제공항 근처에 위치한 Sky72는 한국의 여행객에게 이상적인 골프코스, 다양한 음식과 인력을 제공합니다. 또한, 72 홀 시스템은 하늘코스와 바다코스, 하늘코스와 드림듄의 매치로 자랑 골프장이 형성되어 있습니다. (KoreaMe).
2. 나인브릿지 골프클럽: 제주도에 위치한 이 골프장은 프라이빗 골프장 중 하나로 손꼽히며, 아름다운 자연과 시설을 따라 배치된 코스가 특징입니다. 이곳에서는 주로 코스와 아름다운 코스가 있으며, 다양한 액티비티도 제공합니다. (KoreaMe).
3. 잭 니클라우스 골프클럽 코리아: 인천 송도에 위치한 이 골프장은 유명한 골프장으로, 고급스러운 시설과 챔피언십 코스로 유명합니다. (Square Golf).
4. 베어스베스트 청라 골프클럽: 인천 청라에 위치한 이 골프장은 고급스러운 디자인이 특징이며 니클라우스의 디자인을 바탕으로 한 곳으로 유명합니다. (Golf Reviews Guide).
5. 안성베네스트 700 골프코스: 한양에 위치한 골프장으로 산과 자연을 함께 즐기기 좋은 곳입니다 (Golf Reviews Guide).
6. 제주 아일랜드 리조트 앤 골프클럽: 제주도에 위치한 이 리조트는 한류 문화와 함께 골프를 동시에 즐길 수 있는 장소입니다 (Golf Reviews Guide).
7. 드림힐 레인리조트: 안성에 위치한 이 골프장은 대중에게 알려진 곳으로, 높은 코스와 좋은 시설을 제공합니다 (Golf Reviews Guide).

이 외에도 한국에는 많은 골프코스와 다양한 시설을 제공합니다. 각 골프장은 고유의 독특한 특징과 시설을 가지고 있어, 골프 애호가들이 다양한 경험을 할 수 있습니다.

챗봇을 활용한 정보 검색을 가속화할 것으로 전망된다.

검색 엔진과 생성형 AI를 활용한 검색에는 크게 두 가지 측면에서의 차이가 있다. 첫 번째는 검색하는 방식의 차이다. 챗GPT의 인터페이스는 대화창을 통해 구어체로 검색어를 입력하거나 음성 인식을 활용할 수 있도록 설계되어 있다. 가령 한국에 있는 골프장을 알고 싶을 때는 '한국에 있는 골프장들을 리스팅해 줘'라고 타이핑하거나 이야기하면 된다.

이는 구글 검색창에 '전국 골프장'과 같은 문어체 검색어를 입력하는 것과 대조적이다. 구글에서 구어체로 검색어를 입력했을 때 의도에 부합하지 않는 검색 결과를 얻는 경우가 많다. 구글의 검색 결과는 '한국에 있는 골프장들을 리스팅해 줘'라는 의도를 반영하기보다 '한국에', '있는', '골프장들을', '리스팅', '해 줘'라는 단어를 많이 포함한 문서를 보여 주기 때문이다.

검색 엔진과 생성형 AI 검색의 두 번째 차이는 검색 결과의 형태에 있다. 검색 엔진은 검색어를 포함하고 있는 유용한 웹페이지의 목록을 제공할 뿐, 그 사이트나 웹 문서의 내용이 검색 의도에 맞는지 판단하고 내용을 요약해 주지는 않는다. 반면, 챗GPT는 주요 골프장을 친절하게 안내하는 형식으로 답변하면서도 '사이트 5개 검색됨'을 통해 안내한 내용의 출처를 밝힌다. 만약 같은 질문을 xAI의 생성형 AI인 그록 Grok에게 했다면 X구 트위터에서 내가 팔로

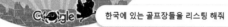

한국에 있는 골프장들을 리스팅 해줘

전체 　이미지 　동영상 　쇼핑 　뉴스 　도서 　웹 　⋮ 더보기 　　　　　　　도구

나무위키
https://namu.wiki › ... ⋮

**Down to Earth**

7일 전 — 서정적인 가사와 멜로디 전개로 태양만의 감성을 담은 발라드곡이다. 피아노로 시작하여 후반부로 갈수록 더해지는 스트링 사운드가 곡의 감정선을 극대화 ...
누락된 검색어: **골프장** | 필수 포함 항목: **골프장**

트립어드바이저
https://www.tripadvisor.co.kr › ... › Vendee › 생장 드 몽 ⋮

**Hotel-restaurant L'espadon, 생장 드 몽 - 레스토랑 리뷰**

파티 **에 있는** 모든 음식을 즐길 수 **있는** 네. 맛있는 ... Jo C C. 148건의 리뷰. 2016년 7월 7일에 작성. ... 무료 **리스팅** 신청하기. Hotel-restaurant L'espadon에 대해 자주 ...

나무위키
https://namu.wiki › ... ⋮

**Futura Free**

2023. 9. 15. — 이것들을 내 뜻대로 하게 **해줘**. I'ma run it into the ground, momma, the whole galaxy 내 뜻대로 땅에다 쳐박아버릴거야, 엄마. 이 은하를 통째로

주방몰
https://jubangmall.com › article › 갤러리 ⋮

**주전자**

나가츠 시내에서 10여 분 거리**에 있는** 나가츠CC는 40년 전통의 오이타현의 명문 코스로 아름드리나무와 그린 주변의 수목이 세월에 녹아들어 플레이어의 눈을 즐겁게 한다.

greeniut.com
https://www.greeniut.com › notice

**인터넷 슬롯게임【kr96.com】검증된슬롯사이트 - 녹색이웃**

2024. 7. 17. — 모바일 경험은 더욱 편안하고 스릴 **있는** 게임을 제공합니다. ... 바카라사이트를 즐기는 여정에서 자주 묻는 질문들에 대한 이 기사가 도움이 되었다면 정말 ...

→ 구글 '한국에 있는 골프장들을 리스팅해 줘' 검색 결과

우 하는 계정이 언급한 골프장이나 현재 리트윗되는 기사에서 언급되는 골프장이 우선적으로 소개될 수도 있다.

　이처럼 검색 엔진과 챗GPT는 기존에 존재하는 웹페이지에서 정보를 찾는다는 본질적인 공통점을 가졌지만 검색 의도를 어떻게

인식하고, 검색된 결과를 어떻게 보여 주는지에 대한 입출력 방식에서 차이를 보인다. 문제는 이런 입출력의 차이가 트래픽에 대한 불평등을 야기할 수도 있다는 점이다. 검색 엔진은 수만 개의 검색 결과를 보여 줌으로써 하위에 위치한 사이트들도 재평가받을 기회를 제공한다. 반면, 챗GPT는 학습을 통해 중요하다고 판단된 사이트만 인용한다. 이로 인해 챗GPT가 인용하는 범주에 포함되었는지 여부에 따라 제품이나 기업의 웹사이트 트래픽, 인지도, 선호도가 양극화될 수 있다. 특히 이 점은 해외에 진출한 국내 대기업에 시사하는 바가 크다. 현재 해외에 진출한 국내 대기업들의 웹사이트 트래픽의 상당 부분이 검색 엔진을 통해 유입되고 있기 때문이다.

챗GPT가 주요 사이트만을 인용하기 때문에 검색 대상이 되는 기업이나 브랜드의 웹사이트는 그 기준에 맞추기 위해 노력해야 한다. 이러한 관점에서 웹사이트에서 검색 결과 상단에 위치시키기 위한 기획과 운영 업무인 SEO Search Engine Optimization의 가치가 재평가될 것으로 보인다. 검색 엔진 최적화라고도 불리는 SEO는 여러 단계로 이루어진다. 먼저 제품이나 브랜드와 연관성이 높은 키워드를 발굴하는 키워드 리서치 단계를 거쳐 키워드를 포함한 텍스트 콘텐츠와 검색 엔진에게 전달할 정보 메타태그를 포함한 웹페이지를 제작하는 단계로 진행된다. 이후 제작된 페이지가 검색 엔진에서 의도한 순위나 형태로 노출되는지 검수하고 모니터링하는 단계가 있다. 이 과정은 검색 엔진에서 유입되는 트래픽을 높이는 촉진 활동인 동시에 다른 사이트에 인용될 만한 좋은 콘텐츠를 공급함으로써 사이트의 권위, 전문성, 사용자 경험이 강화되는 계기가 될 수 있다.

그렇다면 챗GPT의 인용 출처가 되는 방법은 무엇일까? 명확하게 밝혀지지 않았지만 이번에 유출된 검색 알고리즘에 SEO 전문가들이 추정했던 요소들이 상당수 포함되었다는 점을 고려할 때 조만간 챗GPT의 인용 출처가 되기 위한 방법도 등장할 것으로 보인다. 재미있는 점은 생성형 AI의 인용 출처가 되기 위한 SEO 과정에 SEO.AI와 같은 생성형 AI 도구가 필연적으로 사용될 것이라는 점이다.

SEO.AI는 이름 그대로 SEO 과정에 필요한 기능을 두루 제공하는 AI 도구다. 원래 SEO 과정에 필요한 키워드 리서치, 콘텐츠 생성, 자사 및 경쟁사 비교, 모니터링 과정은 별도의 서비스를 활용해서 수행되었는데 이제 SEO.AI라는 하나만으로 모두 처리할 수 있게 되었다. 특히 SEO.AI를 활용한 다국어 콘텐츠 생성이 가능해지면서 기업들이 국가별 웹사이트를 제작하는 데 느끼는 부담이 상당히 해소되었다고 한다.

검색 엔진에는 이미지와 동영상 검색이 포함되어 있기 때문에 이들도 SEO의 대상이 된다. 이들은 일반적으로 텍스트를 보조하는

역할을 하기 때문에 이미지와 동영상 SEO를 위해서는 웹페이지에 대한 SEO가 선행되어야 한다. 또한 이미지나 동영상에 관한 대체 텍스트가 삽입되어야 한다. 대체 텍스트는 그림을 설명하기 위해서 삽입된 문구로, 가끔 인스타그램 로딩이 느릴 때 볼 수 있는 '해변에 누워있는 강아지' 등의 글이 이에 해당한다. 대체 텍스트는 시각장애인이나 인터넷 속도가 느린 사용자들의 웹 접근성을 보장하기 위해 삽입된다. 이것이 SEO 측면에서는 이미지와 동영상에 대한 연관 키워드를 지정하는 효과로 작용한다.

재미있는 점은 이미지 생성을 위해 입력하는 프롬프트가 대체 텍스트와 유사하다는 것이다. 예를 들어, 앞서 언급한 11번가 사례의 미드저니 프롬프트는 등장하는 사물들을 단순히 나열한 형태였다. 이를 통해 유추해 보면, 미드저니와 같은 생성형 AI는 입력한 프롬프트를 대체 텍스트로 포함하고 있는 이미지들을 검색한 뒤, 이를 재조합하는 방식으로 이미지를 생성할 것이라는 가설을 세울 수 있다. 일찍이 하인즈 케첩은 이러한 가설을 바탕으로 재미있는 광고 소재를 만든 적이 있다. 영어로 케첩을 검색하면 항상 하인즈 케첩이 일반 검색과 이미지, 동영상 검색의 상위에 위치한다. 따라

→ 생성형 AI가 그린 다양한 케첩들　　　　　　　　　출처: 하인즈 유튜브

서 생성형 AI 달리에서 어떤 수식어를 붙여서 케첩 이미지를 생성하더라도 하인츠 케첩을 연상시키는 이미지가 생성된다. 하인츠는 이를 활용해 AI가 생성한 케첩 이미지가 필연적으로 하인즈 케첩을 연상시킨다는 내용의 광고를 제작했다.

"하늘 아래 새로운 것은 없다."라는 성경의 말처럼 생성형 AI는 완전히 새로운 것을 만들어 내는 도구가 아니라 기존의 콘텐츠를 찾는 검색 엔진의 기능과 그것을 재가공하는 기능이 결합된 것이다. 우리의 눈에는 이 중에서 재가공된 결과물만 보이지만 사실 생성형 AI가 지속적으로 개선되기 위해서는 소재로 삼을 만한, 신뢰할 만한 소스를 찾고 그곳에서 좋은 오리지널 콘텐츠를 참고하는 검색 엔진의 기능도 강화되어야 한다. 따라서 기업이 생성형 AI와 동반 성장하기 위해서는 스스로 '신뢰할 만한 소스'로서의 입지를 다질 수 있어야 할 것이다. 이것이 오늘날 검색 엔진과 SEO가 주는 시사점이다.

# 검색 광고를 바꾸는 생성형 AI

2024년 5월, 연례 개발자 회의 구글 I/O 2024에서 새로운 AI 모델 제미나이가 공개되었다. 구글은 시연을 통해 제미나이가 구글 검색과 결합하여 AI 오버뷰Overview를 통해 검색 결과를 정리해서 보여 주는 편의성을 제공한다는 점을 강조했다. 그리고 일주일 후에 구글은 AI 오버뷰에 광고를 삽입할 것을 시사하였다.

AI 오버뷰에 광고를 삽입한다는 발표에 대해 언론사를 포함한 콘텐츠 제작자들이 반발했다. 원래 구글 검색 결과에는 구글이 아닌 다른 주체가 만든 콘텐츠가 노출되고, 이를 클릭하면 검색된 사이트로 트래픽이 이동하여 광고 수익을 창출할 수 있었다. 그러나 검색 결과를 요약해 주는 AI 오버뷰가 우선 노출되면 사용자들이 검색된 사이트로 이동할 필요가 줄어들어 콘텐츠 제작자들의 광고 수익이 감소하기 때문이다. 디지털광고 회사 랩티브는 한 언론사와의 인터뷰에서 AI 오버뷰로 인해 자사 홈페이지 방문자 수가 최대 25% 감소하고, 전반적인 광고 수익도 20억 달러나 감소할 것이라고 전망했다. 이처럼 구글이 AI 오버뷰를 상단에 노출하고 광고를 삽입하는 것은 그동안 형성되었던 콘텐츠 생태계를 교란하고 파괴하는 결과를 초래할 수도 있다.

반면 AI 오버뷰의 유용성이 확보될수록 검색 광고라는 구글의 비즈니스 모델은 더욱 강화될 수 있다. 다음 그림에서 검색 결과 상단과 오른쪽에 '스폰서' 표시와 함께 제시된 링크들이 바로 검색 광고Search Ad다. 현재는 검색 결과에 있는 페이지로 이동하기 위해 아래쪽으로 화면을 스크롤하지만 AI 오버뷰로 인해 검색 결과를 클릭하지 않으면 구글에서 체류하는 트래픽이 증가함으로써 상대적으로 검색 광고 수입이 양적으로 증가할 개연성이 있다.

⟶ 구글 'TV' 검색 결과

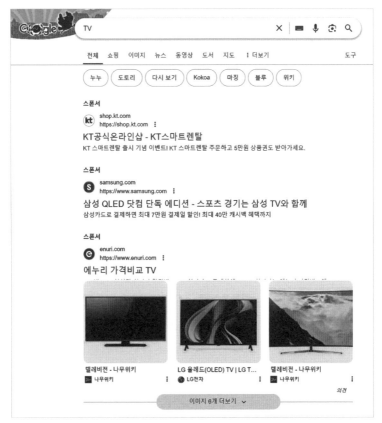

생성형 AI는 검색 광고의 양적 성장뿐만 아니라 질적 향상도 가능하게 만든다. 기업이 검색 광고를 집행하기 위해서는 광고할 키워드, 다른 광고주보다 더 상단에 노출될 수 있는 입찰 가격, 검색 결과에 노출될 형태를 결정해야 한다. 문제는 검색 광고를 사람이 관리하는 과정에서 공백이 발생한다는 점이다. 예를 들어, 'TV'를 검색하면 다음과 같은 결과를 볼 수 있다. 화면에서 KT닷컴이 'TV'라는 키워드에 대해 가장 높은 가격으로 입찰하여 스폰서 영역의 가장 상단에 노출된 것이 보인다. 노출된 형태는 KT닷컴이 지정한 제목과 설명문을 따른 것이다. 언뜻 보기에는 문제가 없어 보이지만 설명문을 적시에 교체하지 않아서 '스마트렌탈 출시 기념 이벤트'가 종료된 이후에도 표시되고 있다면 문제가 된다. 이런 사례는 생각보다 자주 관찰된다.

구글은 검색 광고에서 발생할 수 있는 이러한 문제를 개선하기 위해 생성형 AI 검색SGE, Search Generative Experience에 대한 두 가지 변화를 시사한 바 있다. 첫째, 키워드에 대한 입찰 자동화가 확대 적용될 예정이다. 과거에는 TV라는 키워드에 입찰하면 해당 키워드에 대해서만 검색 광고가 집행되었지만 현재는 가성비 TV와 같은 유사 검색어까지 검색 광고가 노출되고 있다. 앞으로 검색 의도를 인식하는 AI가 고도화될수록 텔레비전과 같이 TV라는 글자를 포함하지 않았지만 유사한 검색어를 인지하여 검색 광고가 노출될 것이다. 둘째, 검색 광고에 대한 소재 자동화가 적용될 예정이다. 검색 광고는 검색 목적과 맥락을 고려한 제목과 설명문이 표시될 때 더 많이 클릭된다. 현재는 사람이 정기적으로 변경하는 제목과 설명문을 생성형 AI가 사용자의 맥락을 고려해 생성하겠다는 것이 소재 자동화의 취지다. 예를 들어 TV 소비가 스포츠 이벤트에 따라 좌우된다면 파리올림픽 기간에 맞추어 'KT IPTV와 함께 하는 파리올림픽'이라는 설명문으로 바뀌면 더 많은 클릭이 발생할 것이다. 구글이 이와 같은 노력을 기울이는 이유는 결국 수익 때문이다. 구글은 검색 광고의 입찰 가격과 클릭된 빈도에 따라 광고주에게 검색 광고 비용을 청구하기 때문에 더 많은 클릭을 유도하는 입찰 자동화와 소재 자동화는 검색 엔진의 수익과 직결된다.

이처럼 구글의 수익 모델인 검색 광고는 생성형 AI를 만나 새롭게 변화할 예정이다. 반면 생성형 AI 기반 챗봇 서비스들은 검색 광고를 새로운 수익 모델로 활용할 것으로 보인다. 메신저 서비스 스냅챗의 챗봇 MY AI가 그 시발점이다. MY AI에 채팅용 광고 API Ads for Chat API를 연결하면 대화 내용에 등장하는 단어와 관련된 광고가 노출된다. 예를 들어 금융을 배우기 위한 책을 어디에서 구매할지 챗봇과 대화하면 스폰서 영역에 재테크 관련 베스트셀러가 소개되는 식이다. 이러한 광고는 검색 광고와 같이 클릭에 따른 과금 방식으로 운영되며 일반적인 검색 광고보다 높은 클릭률을 보이는 것으로 나타났다. 하지만 사용자의 의도에 맞지 않는 광고성 답변을 많이 하여 사용자 경험을 해칠 수 있다는 우려도 있다. 따라서 유료 회원에게는 광고를 보지 않도록 하고, 무료 회원에게는 광고를 보여 주는 유튜브 같은 방식이 곧 챗봇 서비스에도 도입될 것이라는 전망이 있다.

생성형 AI는 검색 엔진의 검색 광고를 개선하거나 새로운 검색 광고 지면이 만들어지는 데 영향을 미치고 있다. 생성형 AI 서비스가 유지되기 위해서는 결국 수익 모델이 필요하다. 여러 인터넷 서비스들이 검색 광고를 수익 모델로 활용하는 만큼 생성형 AI를 위한 검색 광고가 어떤 형태로 발전해 나갈지 기대된다. 특히 사용자 경험을 해치지 않으면서도 효율적인 광고 노출 방식을 찾는 것이 중요한 과제가 될 것이다.

# 03

N스크린에서
Everywhere
스크린으로

## OTT의 새로운 수익 모델이 될 VPP

2024년 초 한 페이스북 유저의 글에서 넷플릭스 코리아의 매출이 지상파 3사 중 하나인 MBC의 매출을 추월했다는 글이 올라왔다. 설왕설래가 많았던 이 글은 결국 2023년 MBC 매출액과 2022년 넷플릭스의 매출을 비교하는 오류를 포함하고 있어서 오래가지 않아 삭제되었다. 하지만 모 언론사의 팩트 체크를 통해 넷플릭스 매출이 2022년 7,733억에서 2023년 8,233억으로 증가하는 동안 MBC 매출은 8,602억에서 7,436억으로 감소하였으므로 틀린 말은 아니라는 것이 밝혀졌다.

이러한 격차는 자본력과 법적 규제에 의해 발생하였다. 국내 방송사들은 내수 시장에 콘텐츠를 유통하기 위해 당국의 까다로운 심의 규정을 준수해야 한다. 자본력의 차이도 있지만 글로벌 OTT가 찍어 내듯이 콘텐츠를 만들어 유통하는 것처럼 많은 콘텐츠를 생산하기 어려운 환경이다. 이에 반해 글로벌 OTT 기업들은 압도적인 자본력을 바탕으로 먼저 콘텐츠를 만들고 국가별 등급 판정에 맞추어 편집을 하거나 유통 방식을 바꿔 빠르게 배포하기 때문에 콘텐츠 역량에서 격차가 발생하게 된다.

2020년대 들어 글로벌 OTT 기업들이 본격적으로 국내 서비스를 시작하면서 그 영향력을 확대하고 있다. 방송통신위원회와 정보통신정책연구원이 발표한 2023 방송매체 이용 행태 조사에 따르면 2023년 국내 OTT 이용률은 77%, 유료 OTT 이용률은 57%로 나타났으며, 지속적으로 증가하는 추세다. 특히 OTT 이용자의 54%가 한 달에 9,000원 이상을 지출하는 것으로 나타났다. 고객들이 OTT에 적지 않은 돈을 쓰고 있음을 보여 준다. 이는 전 세계적인 트렌드라 할 수 있다.

세계 OTT 시장은 2023년 162억 달러에서 2029년까지 215억 달러 규모로 성장할 것으로 전망된다. 이미 크게 성장했지만 여전히 연평균 5% 성장이 예상된다. 이 시장의 선두 주자는 단연 넷플릭스다. 미국의 저널리스트 매튜 벨로니는 2024년 1월 그의 X 계정에 스트리밍 전쟁의 승자는 넷플릭스라는 메시지를 남겼다. 넷플릭스에서 인기 있는 상위 10개 영화 중 9개가 OTT 자회사를 보유한 스튜디오들이라는 것이 그 근거다. 예를 들어 9개 영화 중 4개는 워너브라더스가 판권을 가진 작품인데, 워너브라더스는 기존에 이 작품들을 자사가 운영하는 OTT 서비스 맥스 Max에서 독점적으로 송출하여 가입자를 늘리는 수단으로 활용했었다. 그러나 이제는 작품들을 넷플릭스에도 공급함으로써 콘텐츠 재생으로 발생하는 수익을 확보하는 것으로 전략을 바꾸었다. 이는 콘텐츠를 활용한 고객 유지 효과가 생각보다 크지 않다는 의미이기도 하다.

이에 따라 적자를 감내하며 오리지널 콘텐츠를 제작하던 OTT 업체들에게 변화가 시작되었다. 기존에 확보한 콘텐츠들을 넷플릭스로 유통하며 새로운 작품 촬영을 중단하거나 축소하고 있는 것이다. 국내에서는 2023년 디즈니 코리아가 OTT 콘텐츠 팀을 해체한 것으로 전해지는 것 역시 위와 같은 흐름의 영향을 받은 것으로 보인다. 이에 대해 넷플릭스 공동 CEO이자 최고 콘텐츠 책임자인 테드 샌랜도스는 "우리는 경쟁자를 포함한 거의 모든 콘텐츠 공급자와 비즈니스를 하고 있으며, 우리도 그들에게 많은 가치를 제공하고 있다."라고 말했다.

그러나 넷플릭스가 경쟁에서 승리했다고 해서 다른 OTT 서비스들이 물러선 것은 아니다. 그동안의 경쟁이 오리지널 콘텐츠를 통한 고객 확보에 초점을 두었다면 앞으로는 요금제 개편, 광고 수익 창출, 인수합병을 통한 비용 절감 등 비즈니스 모델 개선에 초점이 맞춰질 것으로 보인다.

이 중 요금제 개편이 가장 먼저 시도되었다. 2022년 초 넷플릭스 가입자 증가세가 꺾이며 주가도 크게 하락한 적이 있다. 이에 넷플릭스는 그동안 4인까지 허용하던 계정 공유를 제한하는 한편, 2023년 9월에는 광고를 보는 대신 이용료가 저렴한 요금제를 출시하였다. 그동안 구독료와 광고비로 양분되던 OTT 서비스들의 수익 모델의 절충안을 제시한 것이다. 결과는 성공적이었다. 계정을 공유하던 고객들이 개별적으로 구독료를 납부하는 양성 고객이 된 것은 물론이고, 광고 수익이라는 새로운 수익 모델의 가능성을 확인한 것이다. 국내에서도 티빙이 2024년 3월에 월정액 5,500원인 광고형 스탠다드 요금제를 출시했는데 새롭게 도입된 광고도 좋은 평가를 받았다. 특히 콘텐츠 감상을 하기 전에 반드시 광고를 시청해야 하기 때문에 광고 주목도가 높아 광고주들의 호평을 받고 있다. 디지털 광고처럼 노출 빈도가 계량된다는 장점은 덤이다.

또한 OTT 서비스에서는 생성형 AI를 결합한 VPP Virtual Product Placement 광고가 도입되는 추세다. 제품이 영상에 노출되도록 배치하여 촬영하는 PPL Product Placement 과 달리 VPP는 생성형 AI 등을 활용한 후편집으로 특정 장면에 제품을 노출시키는 것을 말한다. 이 분야의 선두 주자는 아마존 프라임 비디오다. 아마존 프라임 비디오는 2022년 5월 VPP라는 이름의 툴을 선보인 이후 관련 사업을 확장하고 있다. 아마존 프라임 비디오의 VPP 소개 영상에는 생성형 AI를 활용한 후처리로 엠앤엠즈 초콜릿이 다양한 영화 장면에 삽입될 수 있음을 보여 준다.

이처럼 OTT 시장은 끊임없이 변화하고 진화하고 있다. 요금제 개편, 광고 수익 창출, 생성형 AI를 활용한 VPP 등 다양한 전략이 시도되고 있다. 이를 통해 광고주와 마케터들은 점점 더 다양한 선택지로 타깃 고객에게 도달할 수 있는 기회를 얻게 된다. OTT 기업들은 이러한 혁신적인 광고 기법을 통해 수익성을 강화하고, 광고주들에게 새로운 가치를 제공할 수 있을 것이다. 앞으로 생성형 AI는 이러한 변화의 핵심 역할을 하며 OTT 산업의 발전과 혁신을 이끄는 중요한 요소가 될 것이다. 앞으로의 OTT 시장 역시 얼마나 창의적이고 유연하게 변화에 대응하느냐에 따라 광고와 마케팅의 미래도 함께 발전할 것이다.

## 디지털과 생성형 AI를 만나 강해진 옥외광고

2024년 4월, 프랑스의 광고 기업 제이씨드코가 주최하는 제1회 프로그래매틱 DOOH 라이브 어워드 Programmatic DOOH Live Awards가 열렸다. 첫 번째 대회의 수상이라는 영예는 대상을 받은 영국의 코스타 커피 광고를 포함한 9개 작품이 차지했다. 복잡한 이름을 가진 이 행사의 의미를 이해하면 옥외광고의 동향을 한 번에 파악할 수 있다. 실시간으로 중계된 시상식이라는 의미의 '라이브 어워드'를 제외하면 '프로그래매틱'과 'DOOH'가 남는다.

DOOH Digital Out-of-home는 디지털화된 옥외광고를 의미한다. 옥외광고라는 단어를 들으면 자연스럽게 옥외屋外, 즉 건물 밖에 설치

되어 있는 옥상광고나 야립광고가 가장 먼저 연상된다. 그러나 이는 정교하지 못한 번역에서 비롯된 오해에 가깝다. 사실 옥외광고는 영 단어 Out-of-home Advertising을 한자어로 옮긴 것인데, 이때 Out-of-home은 실내 In-home 에서 접하는 4대 매체인 TV, 라디오, 신문, 잡지와 대척점에 있는 비주류 매체 전반을 아우른다는 의미이기 때문이다. 따라서 옥외광고는 단순히 건물 밖에 있는 광고만을 의미하는 것이 아니라 '이동 중인 소비자에게 노출되는 지역 기반 설치형 광고 매체'로 광범위하게 정의할 수 있다. 그래서 우리가 지하철 역사, 스크린도어, 객차 내에서 보게 되는 수많은 광고판들은 실내에 있기는 하지만 모두 옥외광고로 분류된다.

최근 몇 년간은 옥외광고판이 대형 전광판인 디지털 사이니지로 대체되는, 달리 말하면 OOH에서 DOOH로 전환되는 과정이었다. 원래 옥외광고는 대형 그림이나 출력물의 형태로 존재했으나 이를 제작하는 비용과 교체하는 인건비가 상승하는 동안 디지털 사이니지 가격은 상대적으로 저렴해지면서 많은 옥외광고판이 디지털 사이니지로 교체되고 있다. 이러한 디지털 사이니지의 확산에는 LG전자가 기여한 바가 크다. 이는 현재 LG그룹 구광모 회장이 회장직에 취임하기 직전에 디지털 사이니지를 판매하는 ID Information Display 사업부를 담당했었다는 사실로 간단하게 설명된다.

디지털 사이니지가 확산됨에 따라 옥외광고에서 DOOH가 차지하는 비중도 지속적으로 증가할 것으로 보인다. 이에 대해 옥외광고 전문 대행사 비스타 미디어는 2027년까지 전체 옥외광고 비용의 45%가 DOOH로 집행될 것으로 전망하였다. 여기에는 단순히 DOOH의 수적인 증가 외에도 질적인 증가도 영향을 미친다. 코레일유통의 조사에 따르면 옥외광고의 주목률은 면적에 비례하고, 설치된 높이의 제곱근에 반비례하며, 정지 영상보다 동영상이 5배 정도 주목률이 높은 것으로 나타났다. 이러한 셈법에 비추어 보면 높은 건물 옥상에 있는 초대형 광고판보다 행인이 바라볼 수 있는 높이에 있는 디지털 사이니지 영상 광고가 실질적인 광고 효과는 더 클 수 있다는 결론을 얻게 된다. 이처럼 DOOH의 광고 효과가 높기 때문에 기존 옥외광고판이 같은 크기의 DOOH로 전환될 때에는 보통 광고 수익이 3배 이상 증가하는 것으로 파악되고 있다. 그래서 많은 매체주들은 광고 수익의 증가분과 디지털 사이니지의 감가상각비를 저울질하면서 수익성이 높은 자리부터 DOOH로 전환하고 있다.

또 다른 낯선 단어인 프로그래매틱은 광고 판매 방식을 의미한다. 온라인 공간에는 특정 성별이나 연령과 같은 인구통계적 집단이나 만화, 영화 등 특정 관심사를 가진 사람들이 주로 접속하는 사이트가 있다. 디지털광고를 대행하는 매체사는 이러한 정보를 사전에 파악했다가 광고주가 특정 인구통계적 집단이나 관심사를 가진 사람들을 타기팅하겠다고 프로그램에 입력하면 관련된 사이트나 개인에게 우선적으로 광고를 노출한다. 디지털 광고의 상당 부분은 이러한 프로그래매틱 방식으로 집행되는데 최근 옥외광고판이 스크린으로 변하고 네트워크에 연결되면서 프로그래매틱 광고가 가능해진 것이다.

뉴욕의 메트로폴리탄 교통국의 옥외광고를 판매 대행하는 아웃프론트 미디어는 2022년 12월부터 지하철역 요소에 있는 디지털 사이니지를 프로그래매틱으로 판매하기 시작했다. 서울 지하철에 비유하면 2호선 홍대입구역과 1호선 종로3가역의 청년층과 노년층의 비중이 상이하듯 뉴욕의 각 지하철역도 서로 다른 인구통계적 분포를 보일 것이다. 또한 특정한 시간, 요일, 위치를 선택하여 광고를 집행하고자 하는 광고주도 있을 것이다. 이러한 광고주와 광고대행사들의 옥외광고를 중앙에서 프로그래매틱 방식으로 거래하고 송출하게 된 것이다. 캠페인 후에는 디지털광고처럼 노출 수, 지출액, 광고 재생 타이밍 등의 정보가 제공된다. 이를 통해 광고주는 예산이 효율적으로 적확하게 투입되었는지 확인할 수 있게 되었다.

즉, 앞서 언급한 프로그래매틱 DOOH 라이브 어워드는 이제 옥외광고가 네트워크에 연결된 디지털 사이니지를 통해 디지털광고처럼 집행될 수 있게 되었으며, 그 시장 규모가 고유의 시상식을 열수 있을 정도로 상당 수준에 이르렀음을 의미한다. 그러나 해당 행사가 우리나라에 널리 알려지지 못한 이유는 아직 국내에서는 프로그래매틱 DOOH 시장이 활성화되지 않았기 때문이다.

최근 옥외광고가 디지털광고와 비슷한 모습으로 바뀌었듯이 앞으로 디지털광고의 현재 모습이 옥외광고에도 반영되는 트렌드가 나타날 것으로 보인다. 그 첫 번째 양상은 3D DOOH와 같은 주목도가 높은 광고 소재가 확산될 것이라는 점이다. 도쿄 신주쿠 3-23-18번지 크로스 신주쿠 빌딩에는 유명한 고양이가 있다. 오전 7시부터 5~15분 간격으로 등장해 재롱을 부리는 이 고양이의 이름은 '신주쿠역 동쪽 출입구의 고양이新宿東口の猫'다. 이 고양이는 살아 있는 듯 보이지만 사실 154㎡에 달하는 거대한 LED 스크린에 상영되고 있는 고양이 영상이다. 크로스 신주쿠 비전이라는 기업은 이 고양이 전광판으로 스파이크스 아시아 Spikes Asia, 애드페스트 ADFEST, 덴츠 광고상 Dentsu Advertising Awards 등에서 17개 부문을 수상했다. 고양이 전광판이 유명해지자 이 건물 1~2층에는 'Giants 3D Cat Cafe'라는 이름의 고양이카페가 문을 열기도 하였다. 국내에서도 CJ파워캐스트와 디자인 기업 디스트릭트가 공동 프로젝트로 파도가 넘실거리는 모습을 사실적으로 연출한 〈Public Media Art #1_WAVE〉라는 작품을 코엑스 인근 전광판에 선보임으로써 주목을 받은 바 있다.

3D DOOH 혹은 FOOH Fake OOH 등으로 불리는 이러한 영상들은 아나모픽 Anamorphic 방식으로 구현된다. 아나모픽은 특정한 각도나 방향에서 바라봤을 때 기획자가 의도한 형상이 나타나도록 하

는 착시를 이용하는 예술 기법이다. 사실 위의 영상들은 정면이나
측면에서 바라봤을 때는 그냥 평면적인 영상에 불과하다. 그런데

45도 각도의 위치에서 전광판을 올려다보면 입체적으로 보인다. 영상을 보는 지점에서 인식되는 원근감, 왜곡된 스크린의 곡률값에 의해 실제로는 평면인 그림이 입체적으로 인식되기 때문이다. 그래서 위 작품들을 촬영한 보도자료의 사진들은 모두 45도 각도의 위치에서 촬영되었다는 공통점이 있다.

비디오 아트 영역에 있던 3D DOOH는 점차 상업적인 파급력을 가지기 시작했다. 2024년 1월에 개봉한 팀 버튼 감독의 영화 〈웡카〉는 개봉을 알리기 위해 강남역, 을지로입구역 등에 위치한 디지털 사이니지를 통해 3D DOOH 광고를 집행했다. 웡카의 아나모픽 광고는 영화 자체의 신비로운 분위기와 어우러져 호평을 받았다.

DOOH 애드테크 기업인 하이브스택은 세계 최초로 3D DOOH 광고를 옥외전광판에 송출하는 광고 상품을 출시했다. 생성형 AI 기술의 발달로 일반 영상을 3D DOOH로 쉽게 변환할 수 있게 되면서 광고 상품화가 가능해진 것이다. 미래를 배경으로 하는 여러 영화들에서 3D DOOH 광고를 미래의 상징으로 활용한 바 있기 때문에 당분간 이러한 광고는 브랜드의 미래지향적인 이미지를 강화하는 유용한 캠페인 도구로 활용될 것으로 전망된다.

미국 라스베이거스에 있는 공연장 스피어 Sphere 의 사례도 주목할 만하다. 미국의 스포츠 및 엔터테인먼트 기업 매디슨스퀘어가든이 23억 달러(약 3조 원)를 투입하여 건설한 스피어는 높이 112m,

↱ 스피어에서 광고된 게임 메이플스토리　　　　　　출처: 메이플스토리 유튜브

바닥 지름 157m에 달하는 매우 큰 구형球形 건축물인데, 외벽이 고화질 LED 패널로 뒤덮여 있어 그 자체가 거대한 구형 스크린이기도 하다. 스피어는 거대한 농구공이 되었다가 거대한 눈동자가 되기도 하고, 거대한 XBOX 로고도 된다. 사각형 스크린에 있었으면 밋밋했을 영상들이 3차원 구형에서는 기발한 형태로 상연될 수 있는 것이다.

　스피어는 라스베이거스에서 개최되는 세계 최대의 ICT 박람회의 CES 2024 행사의 중심이 되기도 했다. 중국의 모바일 디바이스 제조사 TCL이 1월 6일 저녁부터 7일 오전 사이 스피어에 광고를 상영한 것을 시작으로 여러 IT 기업들의 광고전이 시작되었다. 국내 기업 중에서는 삼성전자가 1월 8일 오후부터 17일에 진행할 갤럭시S24 언팩 행사 홍보 영상을 상영하기 시작했다. CES 2024 공식 개막일은 1월 9일이므로 그 전야제가 진행되는 8일부터 스크린을 선점한 것이다.

스피어를 활용한 광고 단가는 하루 4시간에 45만 달러(약 6억 2,000만 원), 일주일 7시간에 65만 달러(약 9억 원)로 알려져 있다. 그런데 이는 일종의 표준가에 해당하는 것으로 CES 2024와 같은 특별한 이벤트가 있을 경우에는 우리가 상상할 수 없는 수준의 광고 단가로 거래되었을 것이라 짐작해 볼 수 있다. 앞으로 세계 여러 곳에 건설될 예정인 스피어는 새로운 형태의 옥외광고를 제시할 것으로 보인다.

스피어와 같은 대형 옥외광고의 부상은 그동안 모바일 중심으로 축소지향적인 성장을 하던 광고 시장에 새로운 전환점이 될 수도 있을 것이다. 여기에는 제도적인 변화도 뒷받침되고 있다. 2023년 12월 행정안전부는 서울 명동 관광특구, 광화문광장, 부산 해운대해수욕장 등 3개 지역을 옥외광고물 자유표시구역으로 지정하였다. 옥외광고물 자유표시구역은 옥외광고물법 제4조의 4에 따른 옥외광고물의 모양, 크기, 색깔, 설치 방법 등의 규제를 대폭 완화하여 옥외광고의 자유로운 설치를 허용하는 지역인데, 자율성을 보장받는 지역이 확산된다는 의미다. 2016년 12월 무역센터 일대가

1기 옥외광고물 자유표시구역으로 지정된 이후 사례로 언급된 코엑스 전광판이 등장할 수 있었다. 이번에 2기로 지정된 3개 지역, 나아가 더 많은 지역에서 자유로운 표현권이 보장을 받게 된다면 우리나라도 뉴욕 타임스퀘어, 일본 오사카 도톤보리, 영국 런던 피카딜리서커스 부럽지 않은 옥외광고 명소가 등장할 수 있을 것으로 전망된다.

옥외광고가 디지털광고를 닮아감에 따라 나타날 트렌드의 두 번째 양상은 매체들이 프로그래매틱 거래가 가능한 애드네트워크로 성장한다는 것이다. 디지털광고가 확산되는 과정에는 구글의 GDN Google Display Network과 같은 애드네트워크의 역할이 컸다. 이들은 개별 사이트의 광고 공간들을 집약하여 판매 대행함으로써 디지털광고가 상당한 규모의 파급력을 가지는 매체로 자리 잡는 데 기여했다. 현재도 많은 옥외광고는 작은 매체주들이 개별 혹은 소규모 단위로 연계하여 광고를 판매하고 있어 광고주에게 보장할 수 있는 노출량이 상대적으로 크지 않고, 이를 시스템화 하기에는 규모의 경제 효과가 충분하지 않다. 따라서 매체주들이 네트워크로 연결되어 대형화하는 흐름이 가시화될 것으로 전망된다.

예를 들어 미국에서 가장 많은 충전소를 보유한 전기차 충전 사업자인 차지포인트 홀딩스는 주유소 기반 옥외광고 기업인 GSTV와 협력하여 DOOH 애드네트워크를 확대하고 있다. 미국에서는 다수의 전기차 충전소가 대형마트에 위치하고 있기 때문에 충전소에 설치된 다양한 종류의 스크린은 강력한 리테일 미디어로 부각될 가능성이 높다.

우리나라에서는 테이블 오더가 옥외광고 네트워크로 성장하고 있다. 최근 식당에서는 종업원 대신 식탁에 있는 태블릿PC로 주문 사항을 전달하는 테이블 오더가 확산되고 있는데 이 테이블 오더의 대기 화면, 주문 화면 등에 광고를 송출하는 광고 상품이 등장한 것이다. 이 상품을 활용하면 '양꼬치에는 칭따오'라는 말 그대로 양꼬치를 판매하는 중국 식당에 한정해서 칭따오 맥주 광고를 노출하는 것이 가능해진다. 특히 태블릿PC를 통한 참여형 광고를 통해 게임, 서베이 조사를 병행하는 인터랙티브광고도 집행할 수도 있다. 관련 사업을 전개하고 있는 앱트리는 2024년 연말까지 전국에 2만 개 이상의 태블릿에 광고를 송출하는 것을 목표로 하고 있다.

옥외광고 변화 트렌드 세 번째는 센서를 활용한 콘텍스트 타기팅 Contextual targeting, 특정 공간에 진입한 오디언스에게 광고를 노출하는 지오펜싱 Geo-fencing 등 적확한 타기팅 기법을 활용하는 사례가 늘어날 것이라는 점이다. 이와 관련해서는 매체사 모토브의 사례가 흥미롭다. 국내 전국 2,000여 대 택시에 모토브 택시광고판이 부착되어 있으며 광고판에는 32개의 센서가 장착되어 150가지가 넘는 데이터를 수집하는 것으로 알려져 있다. 여기에는 운전자

에게 자신의 운전 습관을 알려 주는 가속도, 연료 소모 같은 센서
외에도 현재 위치, 날씨, 온도, 습도, 미세먼지, 유동 인구와 같은 정
보를 수집하는 센서도 부착되어 있다. 광고판에는 이러한 센서를
기반으로 현재 상황에 적합성이 높은 광고주의 광고가 우선 노출
되기도 한다.

　그동안 디지털 마케팅은 N스크린이라는 이름으로 TV, PC, 모바
일을 아우르는 크로스미디어 타기팅에 주력해 왔다. 그러나 디지털
사이니지의 확산으로 인해 고객이 소유한 스크린뿐만 아니라 이동
중에 접하는 다양한 스크린이 늘어나고 있다. 이로 인해 광고주들

은 더욱 정교한 타기팅과 다채로운 광고 노출이 가능해졌으며 고객의 주목도를 높일 수 있는 새로운 기회를 얻고 있다. 디지털 마케팅은 이제 어디에서나 스크린이 존재하는 현재의 미디어 환경에서 그 영역을 더욱 확장해 나갈 것으로 보인다. 이러한 변화는 광고 효과를 극대화하고, 고객과의 접점을 다양화하여 더욱 효과적인 커뮤니케이션을 가능하게 할 것이다.

# 코파일럿이 온다

**초판 1쇄 발행 2024년 9월 18일**

**지은이** 커넥팅랩(현경민, 조웅현, 송윤호, 최재훈, 양정환, 장성필)
**펴낸이** 박영미
**펴낸곳** 포르체

**편집** 임혜원, 김아현, 이경미
**마케팅** 정은주, 박우영
**디자인** 최치영

**출판신고** 2020년 7월 20일 제2020-000103호
**전화** 02-6083-0128 | **팩스** 02-6008-0126
**이메일** porchetogo@gmail.com
**포스트** https://m.post.naver.com/porche_book
**인스타그램** www.instagram.com/porche_book

여러분의 소중한 원고를 보내주세요. **porchetogo@gmail.com**